AF549612

Ursula Kopp

Mein Jahr im Kleingarten

Ursula Kopp

Mein Jahr im KLEINGARTEN

Schrebergarten für Anfänger

Bassermann

INHALT

DAS JAHR IM KLEINGARTEN 19

PFLANZEN FÜR DEN KLEINGARTEN IM PORTRÄT 81

VORWORT

Kleingärten liegen im Trend und haben in Deutschland eine lange Tradition. Ursprung waren die gewaltigen sozialen Veränderungen, die mit der Urbanisierung und Industrialisierung im 19. Jahrhundert einhergingen. Viele Menschen gaben ihr bäuerliches Leben auf und strömten in die stark wachsenden Städte, wo sie Arbeit in den neuen Fabriken fanden. Die Lebensverhältnisse der schlecht bezahlten Arbeiter waren jedoch erbärmlich. Mangelernährung und ungesunde Wohnverhältnisse wirkten sich verheerend auf die körperliche und geistige Gesundheit der Menschen aus. Um diese Not zu lindern, wurden an vielen Orten Initiativen ins Leben gerufen. So forderte der Leipziger Arzt *Moritz Schreber* 1860 die Anlage von Spielplätzen, um die Gesundheit der Stadtkinder durch Sport und Spiel zu stärken. Daraus entwickelten sich die heutigen Kleingärten, denen Schreber ihren Namen gab. Da heute viele Städte immer weiter verdichtet und Grünflächen versiegelt werden, spielen kleine, grüne Oasen bei der Verbesserung des städtischen Mikroklimas eine wichtige Rolle.

Lange Zeit galt der Schrebergarten als Freizeitoase für Rentner und Senioren mit Vorliebe für die Einhaltung strikter Regeln. Doch in den letzten Jahren wandelt sich der Blick und mit ihm das Image. Denn immer mehr junge Städter sehnen sich nach einem grünen Fleckchen Erde zum Ausspannen und träumen von frischem, selbst angebautem Obst und Gemüse. Diese Sehnsucht nach kreativer Beschäftigung in und mit der Natur verstärkte sich auch durch die Corona-Pandemie. Kleingärtner, die ihre Parzelle schon seit Jahrzehnten pflegen, haben Erfahrung mit der Gartenpraxis. Doch die Hälfte aller Neuverpachtungen geht mittlerweile an junge Familien mit Kindern. Die neuen Hobbygärtner haben oft noch wenig Erfahrung und brauchen Informationen und Ratschläge, wie sie Zugang zu einem Kleingarten finden und diesen zu einem grünen Paradies, in dem es nach ihren Vorstellungen blüht und fruchtet, anlegen und gestalten können.

DER WEG
ZUM KLEINGÄRTNER

„Ein Garten kann eine Welt für sich werden, ganz gleich ob er groß oder klein ist."

(Hugo von Hofmannsthal)

Beneidenswert, wer einen eigenen Garten hat, in dem es nicht nur das Jahr über grünt und blüht, sondern auch köstliches Obst, schmackhaftes Gemüse und knackige Salate geerntet werden können. Bevor es jedoch so weit ist, muss man sich fachkundigen Rat einholen, gut planen und einiges an Vorarbeit leisten.

GUT GEPLANT IST HALB GEWONNEN

Nach dem Vorbild alter Bauerngärten ermöglichen Kleingärten Stadtbewohnern, Obst und Gemüse anzubauen. Zudem bieten sie mitten in der Stadt einen ungestörten Zugang zur Natur und dienen als Erholungsort im Grünen. Nach Angaben des Bundesverbandes Deutscher Gartenfreunde (BDG) nutzen fünf Millionen Menschen einen Kleingarten – als Pächter, Familienangehörige oder Freunde der Familie. Denn gerade schickt sich eine Generation junger Leute an, allerorten die klassischen Schrebergarten-Kolonien zu unterwandern. Es scheint, dass die alten Klischees über Schrebergärten endgültig auf den Komposthaufen gehören. In heutigen Gartenkolonien treffen Alte auf Junge, Rentnerpaare auf Familien und Akademiker auf Arbeiter. Ihnen allen gemeinsam ist die Freude an der Natur und die Lust am Gärtnern.

WAS GILT ALS KLEINGARTEN?

Die Antwort darauf gibt §1 des Bundeskleingartengesetzes (BkleingG):

- Ein Kleingarten dient zur nichterwerbsmäßigen gärtnerischen Nutzung, insbesondere zur Gewinnung von Gartenbauerzeugnissen für den Eigenbedarf, und zur Erholung.
- Er liegt in einer Anlage, in der mehrere Einzelgärten mit gemeinschaftlichen Einrichtungen, zum Beispiel Wegen, Spielflächen und Vereinshäusern, zusammengefasst sind (Kleingartenanlage).
- Die Fläche der Parzelle ist generell nicht größer als 400 Quadratmeter.
- Eine auf der Parzelle befindliche Laube darf höchstens eine Grundfläche von 24 Quadratmetern einschließlich einem überdachten Freisitz haben und kein dauerhafter Wohnsitz sein.
- In einem Kleingarten müssen sowohl Obst- und Gemüseanbau sowie Sträucher, Blumenrabatten und Rasenflächen vorhanden sein. Rasenflächen und Zierbepflanzungen dürfen jedoch nicht überwiegen.
- Der Flächenanteil für Laube, Terrasse, Kompostplatz, Obst, Gemüse, Rasen, Blumenbeete etc. ergibt die so genannte ⅓-Teilung:
  ⅓ ergibt sich aus Garten-Laube, Wege, Kompostplatz, Terrasse etc.
  ⅓ sind Obst- und Gemüseanbau.
  ⅓ ist mit Zieranpflanzungen wie Blumenbeeten, Sträuchern, Rasen belegt.
- Kleingartenvereine unterliegen einer Selbstverwaltung, die jeweiligen Ämter und anfallenden Aufgaben werden ehrenamtlich durch Mitglieder ausgeübt.

RECHTE UND REGELN

Grund und Boden der Kleingartenanlage und somit der Parzelle gehören der Kommune, dem Land oder privaten Investoren. Er wird an den „Bund Deutscher Gartenfreunde" (mit 20 Landesverbänden) verpachtet, die wiederum die Parzellen mit Unterpachtverträgen den Pächtern übertragen. Voraussetzung für die Vergabe eines Gartens ist die Mitgliedschaft im gemeinnützigen Kleingartenverein. Einen Kleingarten kann man also nicht *mieten*, sondern ausschließlich *pachten*. Mit dem Verein schließt man auch den eigentlichen Pachtvertrag, in dem unter anderem die Höhe der Pacht vereinbart wird. Der *Pachtzins* wird durch das BKleingG nach oben hin auf das Vierfache der ortsüblichen Pacht im erwerbsmäßigen Obst- und Gemüseanbau begrenzt. Welche Pacht vor Ort üblich ist, kann im Zweifelsfall beim zuständigen Gutachterausschuss für Grundstückswerte erfragt werden. Der Pächter erwirbt die Laube und den „Aufwuchs" (Bäume, Sträucher, Stauden), einem Vorbesitzer zahlt man eine Ablösesumme. Der Verein legt die genauen Rechte und Pflichten, die für das Zusammenleben in der jeweiligen Anlage gelten, in der Vereinssatzung fest. Wer sich für einen Kleingarten interessiert, sollte deshalb neben der Liebe zur Natur auch gerne am Vereinsleben mit seinen gemeinsamen Aktivitäten teilnehmen.

Kleingartenanlage

CHECKLISTE FÜR DEN KLEINGARTEN

Ehe man sich für den Erwerb eines Kleingartens entscheidet, sollten folgende Fragen geklärt werden:

- Er sollte nicht zu weit vom Wohnort entfernt sein, da man mindestens ein- bis zweimal in der Woche nach dem Rechten schauen muss (vor allem Bewässerung in Trockenzeiten). Wer kein Auto hat, braucht eine gute Anbindung an öffentliche Verkehrsmittel. Auch mit dem Fahrrad sollte die Wegstrecke gut zu bewältigen sein.
- Es empfiehlt sich unbedingt ein Blick über den Zaun, um zu sehen, mit welchen möglichen Nachbarn man künftig engen Kontakt haben wird. Der Besuch einer Vorstandssprechstunde oder eines Vereinsfestes kann einen Eindruck vom sozialen Klima verschaffen.
- Wie ist die Infrastruktur vor Ort? Gibt es Wasser (Stadt- oder Brunnenwasser)? Gibt es Strom? Gibt es eine Toilette?
- Inwieweit entspricht die vorhandene Anlage und Bepflanzung des Gartens den eigenen Vorstellungen und Wünschen? Wie viel an Arbeit und Kosten müssten für eine Ergänzung oder Umgestaltung investiert werden?
- In welchem Zustand ist die vorhandene Laube? Sind Reparaturen nötig, lässt sie sich beheizen (Herbst und Winter)?
- Wie hoch sind die Gesamtkosten (Ablösesumme, Pacht, Vereinsbeitrag, Kosten für Wasser, Strom, Müllabfuhr)?

DIE LAUBE

Wer eine Gartenlaube in seinem Kleingarten einrichten möchte, sollte sich für eine robuste, mit einer speziellen Wetterfarbe gestrichenen Holzart (Lärche, Fichte oder Kiefer) entscheiden. Sie schützt das Holz vor UV-Strahlen und Witterungseinflüssen. Trotzdem muss regelmäßig nachgestrichen werden. Zum Eindecken des Daches eignet sich Trapezblech am besten, es ist leicht und wasserabweisend. Für die Dämmung empfiehlt es sich, natürliche Materialien wie zum Beispiel Zellulosefasern, Hanfwolle oder Holzwolle zu benutzen. Diese Stoffe sind für Gartenlauben, die ja das ganze Jahr über Regen, Schnee und Sonne ausgesetzt sind, besser geeignet als künstliche Dämmmaterialien, da sie Feuchtigkeit gut wieder abgeben.

Ein versierter Heimwerker baut die Laube komplett selbst nach eigenen Vorstellungen. Er kann sich aber auch einen Bauplan aus dem Internet herunterladen und das Baumaterial im Baumarkt besorgen. Für beide Varianten sollte man allerdings unbedingt etwas von Statik, Gewichtsverteilung, Materialeinsatz etc. verstehen. Wer etwas weniger erfahren ist, kann sich im Baumarkt einen Bausatz kaufen. Alle benötigten Teile sind bereits vorgesägt und in der Regel auch mit vorgebohrten Löchern versehen. Man folgt dann einfach der Aufbauanleitung und innerhalb eines Tages kann die Gartenlaube stehen und muss nur noch gestrichen werden.

Bei älteren Lauben kann ein Farbanstrich erneuernd wirken.

START INS GARTENJAHR

Am Anfang steht die Empfehlung, ein Gartentagebuch anzulegen. Notizen zu allen Gartenarbeiten und Ereignissen, Erfolgen und Misserfolgen werden dem Hobbygärtner schon nach wenigen Monaten wertvolle Hinweise liefern, mit deren Hilfe man den Kleingarten erfolgreich bepflanzen und pflegen kann. Ein Gartentagebuch ist zum einen eine hervorragende Gedächtnisstütze, zum anderen vermittelt es Informationen, die Verbesserungen ermöglichen. Und nicht zuletzt erinnert man sich gerne an grauen Herbst- und Wintertagen beim Durchblättern an ein farbenfrohes und abwechslungsreiches Gartenjahr.

Das Tagebuch wird am besten zu Jahresbeginn angelegt, weil man im Januar noch genügend Zeit und Muße hat, wichtige Gartentermine festzulegen und sich an die regelmäßigen Eintragungen zu gewöhnen. Denn noch ist im Garten wenig zu tun, entsprechend hält sich die Zahl der Notizen auch noch in Grenzen. Praktisch ist hier ein spezieller, im Buch- oder Gartenfachhandel erhältlicher Kalender, der neben dem Raum für Notizen noch Tipps und Wissenswertes rund um den Garten enthält. Man sollte sich daran gewöhnen, alle Vorgänge im Garten sorgfältig regelmäßig und zeitnah einzutragen.

WELCHE EINTRAGUNGEN?

- *Ideen, Wünsche und Vorstellungen*: Hier sollte alles notiert werden, was man sich vom Garten erwartet, für welche Blumen das Herz schlägt und was man vielleicht einmal ändern will. Diese Ideen lassen sich in stillen Stunden ausarbeiten und mit einem Plan wird daraus schnell Wirklichkeit. In Nachbargärten, auf Gartenschauen und Reisen lassen sich viele Anregungen finden.
- *Wetterdaten* (Maximal- und Minimaltemperatur, Niederschläge, jahreszeitlich bedingte Erscheinungen usw.): Anhand des Witterungsverlaufs kann man in Zusammenhang mit anderen Daten (Erntemengen, Wuchsverhalten, Schädlingsbefall u. ä.) Ursachen für Erfolge und Misserfolge ergründen und Schlussfolgerungen ziehen.
- *Bodenbearbeitung, Mulchen, Düngen* (Bodenlockerung, Ausbringen von Kompost und Mineraldünger): Nur wer weiß, welche Beete wann wie gedüngt und bearbeitet wurden, kann schonend mit dem Boden umgehen und beste Erträge erwarten.
- *Aussaat und Pflanzung* (Zeitpunkte, Sorten, spezielle Vorbereitungen): Mit diesen Daten können Wachstum und Entwicklung der Pflanzen besser verfolgt werden. Termingerechtes Umtopfen, Umsetzung oder Verpflanzen werden erleichtert.

- *Kulturfolgen, Mischkulturen* (Vor-, Zwischen- und Nachfolgefrucht, Stark- und Schwachzehrer): Hierzu skizziert man einen Plan des Gemüsegartens und trägt alle Kulturen an den entsprechenden Stellen ein. So lässt sich jederzeit kontrollieren, ob die Regeln von Fruchtwechsel und Kulturfolge eingehalten werden oder die Mischkultur Erfolg zeigt.
- *Ernten, Erträge* (Qualität und Quantität von Obst und Gemüse): Erntetermine, Erntemengen und -qualität lassen Rückschlüsse auf die Kulturmethoden und Standortbedingungen zu. Eine genaue Auswertung dieser Daten gibt Aufschluss über eventuell notwendige Änderungen bei Sortenwahl, Kulturverfahren oder Düngung.
- *Pflanzenschutz* (vorbeugende Maßnahmen und Bekämpfung): Schädlinge und Krankheiten bekommt man viel besser in den Griff, wenn über alle Maßnahmen Buch geführt wurde. So lässt sich vorbeugender Pflanzenschutz effektiver betreiben und die Bekämpfung kann aufgrund von Erfahrung wirkungsvoller erfolgen.
- *Arbeitsgeräte*: Hier werden Anschaffungskosten, Wartungstermine sowie die Erfahrung mit der Eignung der Geräte festgehalten.
- *Tierbeobachtungen*: Ähnlich wie Wetterereignisse kann auch das Auftreten und Verhalten von Tieren im Garten nützliche Hinweise liefern. Leben zum Beispiel viele Nützlinge im Garten oder sollte ihre Ansiedlung gezielt unterstützt werden.

1 Spaten, **2** Schaufel, **3** Grabgabel, **4** Kompostgabel, **5** Eisenrechen, **6** feinzinkiger Eisenrechen, **7** Schlaghacke, **8** Ziehhacke, **9** Grubber, **10** Krail, **11** Fächerbesen, **12** Pikierholz, **13** Pflanzkelle

NATURNAH GÄRTNERN

Der immense Flächenverbrauch der Städte und Gemeinden, eine zunehmende Intensivierung der Landwirtschaft lassen immer mehr artenreiche Lebensräume verschwinden. Das hat auch den Rückgang ihrer tierischen Bewohner zufolge, die oftmals eng an ganz bestimmte Pflanzenarten angepasst sind. Deshalb leistet die Anlage eines naturnahen Kleingartens einen wertvollen individuellen Beitrag zum Erhalt der ökologischen Vielfalt und schafft ein Refugium für Tiere und Pflanzen aller Art. Wer Vögel in den Garten locken und sie beobachten will, sollte nur heimische Sträucher pflanzen. Fremdländische und exotische Ziergehölze haben für heimische Tierarten kaum ökologischen Wert. Eine Hecke aus blütenreichen, Früchte tragenden Wildsträuchern ist dagegen ein optimaler Lebensraum für Insekten, Vögel und Kleintiere. Im Naturgarten wird das meiste der Natur überlassen. Der Leitgedanke des Naturgärtners ist es, mit der Natur, nicht gegen sie zu arbeiten.

- Grundsätzlich wird auf jegliche Chemie verzichtet, Schädlinge lassen sich auch durch natürliche Feinde wie Marienkäfer und Igel bekämpfen. Mechanische Mittel (Hacken und Absammeln) sowie natürliche Stärkungsmittel aus Jauchen, kombiniert mit organischem Dünger reichen in der Regel zur Schädlingsbekämpfung und Pflanzenstärkung aus.
- Man verzichtet auf Torf und setzt zur Bodenverbesserung Kompost und Gründünger ein. Auch beim Kauf von Blumen- und Pflanzerde ist auf torffreie Produkte zu achten.
- Es ist günstiger, Laub liegen zu lassen, anstatt es zusammenzurechen. Es hält die Feuchtigkeit im Boden, führt ihm Nährstoffe zu und bietet Lebensraum für Kleintiere.

Kohlmeise

- Mulch bildet einen schützenden Mantel und vermindert die Unkrautbildung. Zudem schützt er vor starken Witterungseinflüssen und liefert organisches Material, das ideal zum Düngen für Staudenbeete ist.
- Zur Bewässerung sind einheimische Pflanzen in der Regel mit dem Regenwasser zufrieden. Nur in besonders trockenen Perioden muss zusätzlich gewässert werden.

NÜTZLINGE IM GARTEN FÖRDERN

Zentrales Ziel bei der Anlage und Gestaltung eines naturnahen Kleingartens ist die Schaffung möglichst vieler miteinander verzahnter Lebensbereiche. Als Nützlinge im Garten gelten alle Tiere, welche die Arbeit des Kleingärtners auf natürliche Art unterstützen. Sie vertilgen Schädlinge, bestäuben Nutz- und Wildpflanzen, zersetzen Gartenabfälle, durchlüften den Boden und reichern ihn mit Nährstoffen an. Sie schaffen die wichtigsten Voraussetzungen, auf den Einsatz von jeglicher Chemie zu verzichten. Ein vielfältiger, naturnaher Garten bietet Nahrung, Zuflucht, Lebensraum und Kinderstube für viele Tierarten - vom Marienkäfer bis zum Igel, von der Hummel bis zur Kohlmeise. Je mehr Lebensbausteine im Garten miteinander verbunden sind, desto mehr Tierarten werden sich einfinden und für biologische Vielfalt und ein natürliches Gleichgewicht sorgen. Das Ergebnis ist Blütenzauber und reiche Ernte.

Marienkäfer (o.), Erdhummel (M.); Distelfalter (u.)

DAS JAHR
IM KLEINGARTEN

Freude und Erfolg im eigenen Garten hängen entscheidend davon ab, ob man die Ansprüche der Gewächse – Stauden, Gehölze, Gemüse- oder Obstpflanzen – kennt und weiß, wann gesät und gepflanzt wird, und ob man die geeigneten Pflegemaßnahmen durchführt. Damit alles optimal wächst und gedeiht, werden im folgenden Kapitel Monat für Monat die anliegenden Arbeiten im Zier- und Nutzgarten aufgezeigt.

JANUAR

Wenn der Garten noch unter einer dicken Schneedecke liegt und alles hart gefroren ist, gibt es für den Hobbygärtner kaum etwas zu tun. Und so kann er sich mit Muße der Vorbereitung und Planung für das kommende Gartenjahr widmen. Gartenfachbücher und Kataloge von Baumschulen und Staudengärtnereien geben hier Anregungen. Und wer die Natur genau beobachtet, bemerkt, dass sich draußen schon eine Menge tut.

Die Zaubernuss zählt zu den Winterblühern.

AUF EINEN BLICK

ALLGEMEINE GARTENARBEITEN

- Neuanlagen oder Umgestaltung planen
- Saatgut kaufen
- Gartengeräte neu anschaffen, gebrauchte reinigen und in Stand setzen
- schwere Schneelasten von Ästen schütteln
- artgerechtes Futter für Vögel bereitstellen
- Knollen und Zwiebeln im Winterlagerlager prüfen

ZIERGARTEN

- Frostkeimer aussäen
- Knollen- und Zwiebelpflanzen vortreiben
- Immergrüne Gehölze wässern, wenn der Boden frostfrei ist
- junge, immergrüne Gehölze und empfindliche Stauden schattieren

GEMÜSEGARTEN

- Gemüseanbau planen
- Saatgut bestellen
- Aussaat und Vorkultur (unter Glas): Pflücksalat, Schnittsalat, Saatzwiebeln, Sommerlauch, Weißkohl, Wirsing, Rotkohl, Kohlrabi; (ins Freie): Spinat

OBSTGARTEN

- Spalierobst schattieren
- Pflanzenschnüre prüfen
- Wildobst schneiden

Schneeheide

IM ZIERGARTEN

PFLANZE DES MONATS

Die Schneeheide *(Erica carnea)* öffnet schon im ersten Monat des Jahres ohne große Rücksicht auf die widrigen Witterungsbedingungen ihre Glockenblüten. Der reich verzweigte und teppichbildende, etwa 40 cm hohe Zwergstrauch trägt immergrüne, nadelartige Blätter. Seine niederliegenden Ästchen sind dünn und bogig. Die vielen Sorten der Schneeheide sorgen mit ihrem weißen, rosa oder karminroten Blütenflor für erste Farbtupfer im winterlichen Garten.

ZAUBERHAFTE WINTERBLÜHER

Liegt die Natur im Winterschlaf, sehnt sich das Auge nach ein paar Farbklecksen, die die trübe Stimmung etwas aufheitern. Natürlich ist die Auswahl an Stauden und Gehölzen, die um diese Jahreszeit blühen, nicht sehr groß. Dennoch muss man im Winter nicht auf Farbe verzichten.

Christrose *(Helleborus niger)*	gelbgrün
Zaubernuss (*Hamamelis*-Arten und -Sorten)	gelb bis rot
Winterjasmin *(Jasminum nudiflorum)*	gelb
Winterkirsche *(Prunus subhirtella)*	rosa
Duftschneeball *(Viburnum farreri)*	rosa
Haselnuss (*Coryllus avellana* und Sorten)	gelbgrün

ARBEITSGERÄTE PRÜFEN

Jetzt ist Zeit, die Arbeitsgeräte auf Tauglichkeit zu überprüfen und wenn nötig zu reparieren. Man kann bei dieser Gelegenheit auch die Holzstiele in einer leuchtenden Farbe streichen. So fällt später sofort ins Auge, wenn einmal versehentlich nach der Gartenarbeit ein Gerät liegen geblieben ist.

IM GEMÜSEGARTEN

ANBAUPLAN FÜR GEMÜSE

Im Januar ist Zeit, einen Anbauplan für die neue Gemüsesaison zu entwickeln. Man wählt Sorten aus, die ausprobiert werden sollen und bestellt rechtzeitig das Saatgut. Da Ende Februar die Sonneneinstrahlung schon recht kraftvoll ist, kann man jetzt bereits mit den ersten Kulturen im Kleingewächshaus beginnen, und dann muss alles gut vorbereitet sein. Trotz Schnee und Frost können Kopf- und Pflücksalat, Kohlrabi, Rettich und Radieschen angebaut werden. Zum Schutz gegen Frost deckt man die jungen Pflanzen mit einem Vlies ab.

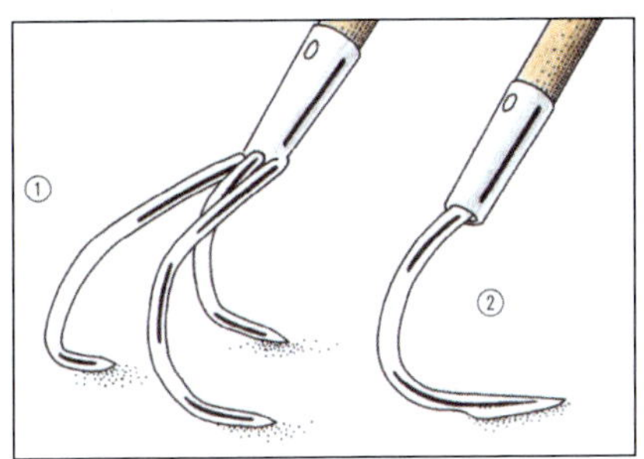

1 Grubber, **2** Krail

DIE RICHTIGE HARKE

Für die Bodenbearbeitung stehen heute unzählige Geräte zur Verfügung, die jeweils auf ganz bestimmte Aufgaben abgestimmt sind. Der „Krail" sieht aus wie eine um 90 ° gebogene Grabgabel, mit ihm lässt sich der Boden relativ tief lockern. Der „Kultivator" dringt mit seinen 3-5 verbreiterten Zinken etwa 10 cm tief in den Boden ein. Kultivatoren mit nur einem Zinken sind bekannt als „Sauzahn" und eigen sich vor allem zur Lockerung der Erde in dichten Pflanzungen. Die „Grabgabel" setzt man bevorzugt im Herbst zur Bodenlockerung ein. Da bei der Arbeit auf den Stiel starke Kräfte einwirken, sollte dieser besonders stabil sein. Es empfiehlt sich ein T-förmiger Griff, damit man richtig zupacken kann. Der „Grubber" mit seinen drei Krallen kommt am besten im Frühjahr vor der Aussaat zum Einsatz, wenn der Boden nur wenige Zentimeter tief aufgelockert werden muss.

SAATVORRÄTE SICHTEN

Das riesige Angebot an Saatgut kann anfangs recht unübersichtlich sein. Ehe man jetzt neue Samen bestellt, sollten die Reste vom Vorjahr durchforstet werden. Hat man das Einkaufsdatum vermerkt, lässt sich leicht feststellen, was überaltert und was noch brauchbar ist. Samen von Tomaten, Erbsen, Feldsalat und Zwiebeln bleiben nur 2 Jahre keimfähig, Kürbis und Zucchini dagegen 3-4 Jahre. Man bewahrt Samen in der Originalverpackung auf, damit sie jederzeit und eindeutig zugeordnet werden können. Die Aufbewahrungsbehälter selbst gesammelter Samen sollte man entsprechend mit dem Pflanzennamen und Datum beschriften.

IM OBSTGARTEN

KLEINE OBSTBÄUME DURCH VEREDELUNG

Zu einem richtigen Garten gehört ein Obstbaum. Für welches Obstgewächs man sich entscheidet, hängt vom persönlichen Geschmack, vor allem aber vom Standort und dem zur Verfügung stehenden Platz ab. Für den Kleingarten eignen sich Obstbäume, die zu Büschen oder *Spindelbüschen* erzogen wurden, *Säulenobst* mit schlankem Wuchs oder *Spalierobst*. Die klassische Art, kleine Obstbäume zu züchten, ist die Veredelung. Dabei werden normale Sorten auf schwachwüchsige Unterlagen veredelt mit dem Ergebnis, dass man ein kleines Bäumchen mit einem hohen Ertrag erzielt.

Apfelbäumchen

FRÜH FÜR REICHE ERNTE SORGEN

Die Faustregel für Obstbäume lautet: Die meisten Früchte bilden sich an möglichst waagerecht wachsenden Zweigen. An dicken Ästen von Apfel- und Birnbäumen entwickeln sich aber oft junge Holz- und Wassertriebe, die steil nach oben wachsen. Da sie zunächst nur Blätter und keine Blütenknospen bilden, werden sie häufig beim Auslichtungsschnitt entfernt. Wer neue und Früchte tragende Zweige nachziehen will, sollte einen Teil dieser Triebe weiterwachsen lassen, denn schon im nächsten Frühjahr bilden auch sie erste Blütenknospen. Durch das Gewicht der Früchte senken sich die Zweige bogenförmig ab und entwickeln im Jahr darauf noch mehr Blüten und Früchte. Ab dem dritten Jahr nach der Pflanzung lässt der Früchteertrag langsam nach. Dafür bildet sich meist am Scheitelpunkt des Zweiges ein neuer Jungtrieb.

FEBRUAR

Taumond wurde der Februar früher auch genannt, denn oft war bereits mit trügerischem Tauwetter zu rechnen. Der zweite Monat des Jahres bringt nun schon etwas Gartenarbeit mit sich. Allerdings hängt es noch stark von der Witterung ab, ob bereits Gehölze geschnitten und Folienkulturen angelegt werden können. Bei den Ziergehölzen dürfen nur die Sommer- und Herbstblüher geschnitten werden.

Das Schneeglöckchen „läutet“ bereits im Februar.

AUF EINEN BLICK

ALLGEMEINE GARTENARBEITEN

- bei mildem Wetter und offenem Boden Beete vorbereiten
- rissige Rinde an Baumstämmen entfernen
- Eigelege von Schnecken aufsammeln und vernichten

ZIERGARTEN

- Laub entfernen
- Stauden aussäen
- Sommerblumen mit langer Vorkultur säen
- sommer- und herbstblühende Gehölze bis zum Boden zurückschneiden
- bei starkem Frosteinbruch empfindliche Arten mit Reisig abdecken

GEMÜSEGARTEN

- Mulch von den Beeten abharken und kompostieren
- Mistbeet, warmes Frühbeet anlegen
- Folien zur Bodenerwärmung auflegen
- Aussaat unter Folie: Pflücksalat, Schnittsalat, Stielmus
- Aussaat ins Freie: Spinat, Gartenkresse

OBSTGARTEN

- Spalierobst schattieren
- Spalierobst schneiden
- Weinspalier schneiden
- frühe Erdbeersorten mit Folientunnel überdecken
- bei Johannisbeeren und Stachelbeeren Triebe 5 cm einkürzen, um Mehltau vorzubeugen

IM ZIERGARTEN

PFLANZE DES MONATS

Das Schneeglöckchen *(Galanthus nivalis)* wächst wild vom Kaukasus bis zu den Alpen, auch in unseren Gärten fühlt es sich durchaus heimisch. Wer im Herbst ein paar Zwiebeln pflanzt, kann sich nach einigen Jahren über eine große Fläche Schneeglöckchen freuen, sofern sie ungestört wachsen können. Die Blüten kommen häufig schon unter der Schneedecke hervor. Sollen Schneeglöckchen jedes Jahr üppig blühen, müssen sie mit ihren Blättern Kraft tanken. Deshalb lässt man die Blätter nach der Blüte stehen, bis sie vergilbt sind. Schneeglöckchen lassen sich ganz einfach vermehren, wenn man die Horste nach der Blüte mit einer Handschaufel aussticht und teilt.

JETZT GEHÖLZE SCHNEIDEN

Das Schneiden von Gehölzen will gelernt sein. Viele Gartenbesitzer greifen zur Schere oder Säge und schneiden unsachgemäß an Bäumen und Sträuchern herum. Grundsätzlich sollte man beim Schneiden keine Stummel stehen lassen, denn in kurze Ast- oder Zweigstücke werden keine Nährstoffe mehr transportiert. Die Wunde heilt nicht, sondern stirbt langsam ab und ist somit ein ständiger Infektionsherd. Man schneidet deshalb immer glatt am Stamm oder Ast ab. Um ein sauberes Arbeiten auch bei dicken Ästen zu gewährleisten, wendet man eine besondere Technik an. Zuerst wird der zu entfernende Ast von allen Zweigen befreit. Dann sägt man ihn in der Nähe des Stammes von unten bis etwa zur Mitte hin ein, um ein Splittern des herunterfallenden Astes zu verhindern ①. Anschließend wird der Ast von oben her ganz abgesägt ②. Nun lässt sich der restliche Stummel am Stamm mühelos entfernen ③. Man glättet die Wundränder und behandelt die Wunde mit Wundverschlussmittel.

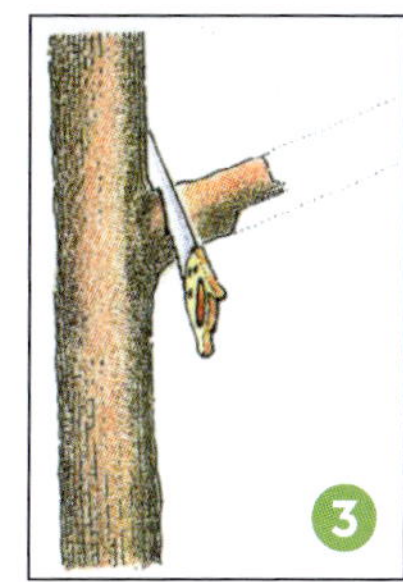

Frühbeet

IM GEMÜSEGARTEN

FRÜHBEET ANLEGEN

Der kundige Hobbygärtner nutzt verschiedene Möglichkeiten, um den Pflanzen schon zeitig im Frühjahr ein geschütztes Klima zu bieten. Den Auftakt bildet ein gut gedämmtes Gewächshaus, danach das Frühbeet. Für das Frühbeet eignen sich alle niedrigen Gemüse wie Gurken, Melonen, Salate und Kräuter, auch einige Tomaten. Mit einem Bodenheizkabel oder einer Mistpackung lässt sich das Frühbeet optimal temperieren.

Frühe Weißkohlsorten können Anfang April angebaut werden.

KOHL NACH PLAN ANBAUEN

Kohl gilt als ein ebenso gesundes wie beliebtes Gemüse. Bei aller Vielfalt muss der Garteneinsteiger die jeweiligen Anbautermine kennen. Im Februar ist es für die meisten noch zu früh, aber man sollte jetzt Saatgut bestellen und die Pflanzen vorziehen. Dann ist beim Start alles parat. Frühe Sorten von Weiß- und Rotkohl, Wirsing sowie von Blumenkohl, Brokkoli und Kohlrabi kommen Anfang April in den Boden. Der günstigste Anbautermin für Rosenkohl ist Mitte Mai bis Ende Mai.

DICKE BOHNEN ALS GRÜNDÜNGER

Der erste Gründünger, der sich auf gerade frostfreien Böden aussäen lässt, ist die Dicke Bohne. Sie übersteht Frost und Trockenheit ohne Probleme, lockert die Krume tiefgründig und reichert den Boden mit Stickstoff an. Die Samen werden alle 15 cm 6-10 cm tief in Reihen mit 60 cm Abstand gelegt. Sie keimen rasch und bilden bis Mai viel Blattmasse. Dann zerkleinert man die Triebe und lässt sie als Mulch auf den Beeten liegen.

IM OBSTGARTEN

OBSTBÄUME VOR WILDVERBISS SCHÜTZEN

Die frisch gepflanzten Obstbäume sollten jetzt mit einer Manschette oder mit Kaninchendraht vor den Beißern hungriger Kaninchen, Hasen und Rehen geschützt werden. Leimringe, die man im Herbst zur Abwehr von Blut- und Schildläusen am Stamm des Apfelbaums angebracht hat, werden jetzt wieder abgenommen. Andernfalls bleiben nützliche Insekten daran kleben. Der Stamm sollte auch ober- und unterhalb des Leimrings auf Eigelege von Schädlingen kontrolliert werden. Mit einer Drahtbürste lassen sie sich leicht abbürsten.

Obstbaumschutz mit einer Kunststoffmanschette

EIGENER WEIN IM GARTEN

Jetzt kann man sich überlegen, den Obstgarten um einen Weinstock zu bereichern. Ein Weinspalier trägt nicht nur süße Früchte, sondern ist auch ein dekorativer Wandschmuck oder Sonnenschutz unter einer Pergola. Ist die Entscheidung für ein oder mehrere Exemplare gefallen, sollten die Spaliergerüste bis zur Pflanzzeit im April und Mai angebracht, die Pflanzgrube vorbereitet und das Pflanzgut besorgt sein. Es gibt eine Vielzahl verschiedener Sorten, von denen sich viele auch für die Gartenkultur eignen. Alle brauchen allerdings unbedingt einen vollsonnigen, warmen und geschützten Platz, damit sie gut ausreifen.

JOHANNISBEEREN SCHNEIDEN

Wer Johannisbeersträucher regelmäßig und richtig zurückschneidet, kann sich im nächsten Sommer auf eine reiche Ernte freuen. Während bei roten und weißen Johannisbeersträuchern die Beeren an zwei- bis dreijährigen Trieben wachsen, bilden schwarze Johannisbeersträucher an den langen einjährigen Seitentrieben die meisten Früchte aus. Daher werden die Sträucher auch unterschiedlich zurückgeschnitten. Bei roten und weißen Johannisbeeren entfernt man jedes Jahr im zeitigen Frühjahr oder nach der Ernte die 2-3 ältesten Haupttriebe in Bodennähe. Bei schwarzen Johannisbeeren sollten maximal 6-10 Haupttriebe stehen bleiben.

MÄRZ

Lenzmonat ist eine alte Bezeichnung für den Monat März, die darauf hinweist, dass der Frühling vor der Türe steht. Nach langen und kalten Winterwochen erwacht auch im Garten endlich die Natur. Erste Zeichen sind die leuchtenden Krokusse und das Zwitschern der Vögel in den Bäumen. An den Wochenenden zieht es die Hobbygärtner in die Gärtnereien, um Pflanzen auszusuchen, mit denen in der kommenden Saison der Garten bereichert werden soll. Auf dem Heimweg sind bunte Primeln, gelbe Narzissen und blaues Vergissmeinnicht im Gepäck.

Im März sorgen Krokusse für die erste Farbenvielfalt im Garten.

AUF EINEN BLICK

ALLGEMEINE GARTENARBEITEN

- Beete vorbereiten, Boden mit Grabgabel lockern, dann glatt rechen
- Unkraut jäten

ZIERGARTEN

- Sommerblumen aussäen
- früh blühende Stauden teilen
- Gehölze, Rosen, Stauden pflanzen
- Rosen anhäufeln, schneiden
- verfilzten Rasen belüften (vertikutieren oder aerifizieren)
- Rasen ansäen
- abgestorbene Staudenhorste zurückschneiden, alle faulen und welken Teile entfernen
- Winterschutz nach und nach entfernen

GEMÜSEGARTEN

- Saatbeet vorbereiten
- Samen vorquellen
- Steckzwiebeln und Frühkohl pflanzen
- Knoblauch stecken
- erste Saaten pflegen

OBSTGARTEN

- Aprikosen, Pfirsiche, Quitten, Weinreben pflanzen
- junge Obstgehölze stützen
- Beerensträucher pflanzen
- letzte Schnittmaßnahmen durchführen
- Erziehungsschnitt bei frisch gepflanzten Obstgehölzen durchführen
- Wintermulch und Gründüngung einarbeiten
- Erdbeeren und Beerensträucher mit Kompost versorgen

IM ZIERGARTEN

PFLANZE DES MONATS

Den Krokus *(Crocus vernus)* kennt man seit Jahrhunderten als Gartenblume und Frühlingsboten. Die kleinen Zwiebeln werden im Herbst in Gruppen zu 6–8 Stück ca. 8 cm tief gepflanzt. Man kann sie auf dem Rasen oder in Beeten verteilen, unter Gehölzen oder im Steingarten einpflanzen. Überall setzt jetzt der Krokus - weiß, gelb, blau und gestreift - im noch etwas kahlen Garten leuchtende Farbtupfer.

FRÜHJAHRSKUR FÜR DEN RASEN

Im Frühjahr braucht der Rasen eine gute Durchlüftung. Wenn infolge warmer Witterung die Gräser schon zu lang geworden sind, sollte man erst schneiden, dann lüften und zugleich düngen. Sobald die Rasenfläche abgetrocknet ist, wird sie mit einem Stahldrahtbesen kräftig durch- und abgeharkt. Bei einem jungen Rasen reicht dies meist aus. Bei älteren, verfilzten und vermoosten Rasenflächen empfiehlt sich der Einsatz eines Vertikutierrechens. Mit den kurzen, weit gestellten Messerzinken werden Grasnarbe und Boden längs und quer aufgeritzt (vertikutiert), mit den langen, engen Zinken harkt man Moos, Mährückstande und flach wurzelnde Unkräuter ab. Bei schweren Böden wird Sand aufgestreut und zusammen mit dem Rasendünger in die Krume eingearbeitet.

1 Handvertikutierer erfordern Muskelkraft.

2 Beim motorbetriebenen Vertikutierer rotieren die Messerzinken um die horizontale Achse.

Manche Gemüsearten wurzeln nur flach, andere bilden tief reichende Wurzeln. Da sie Wasser und Nährstoffe aus unterschiedlichen Bodenschichten aufnehmen, treten sie nicht in Konkurrenz.

IM GEMÜSEGARTEN

MISCHKULTUR IM GEMÜSEBEET

Mischkultur heißt nicht nur, dass auf den Beeten unterschiedliche Arten zusammenstehen, die sich gegenseitig günstig beeinflussen. Es bedeutet auch, dass die Beete viel intensiver genutzt werden können. Neben der Hauptkultur baut man in der Regel auch Vor- und Nachkulturen an. So kann vom zeitigen Frühjahr bis zum Winter ständig geerntet werden. Man nennt dies Kulturfolge - im Gegensatz zur jährlich wechselnden Fruchtfolge. Mischkulturen sind weniger durch Schädlinge gefährdet.

GEMÜSEAUSSAAT

Damit die ersten Aussaaten optimal gelingen, wird das Gemüsebeet im Frühjahr weder umgegraben, noch tiefgründig bearbeitet. Sonst holt man den harten Boden nach oben und die im Winter gereifte wertvolle Krume liegt zuunterst. Frische Saaten fühlen sich in krümeligem Boden am wohlsten. Gesiebtes Erdreich verschlämmt und verkrustet zu schnell. Die meisten Gemüsesorten keimen am besten bei einer Saattiefe von 2-3 cm. Samenbänder, Samenteppiche oder Pillensaatgut werden dagegen nur 1 cm tief ausgelegt. Die Samen streut man entweder mit den Fingern aus oder klopft sie sanft aus dem Samentütchen. Anschließend drückt man die Körner mit der Handkante leicht an und füllt die Saatrille mit lockerer Erde. Bei schweren Lehmböden deckt man die Samen fein mit reifem Kompost ab. Saaten müssen nicht unbedingt angegossen werden, die Winterfeuchte im Boden reicht in der Regel aus. Saatbänder hingegen sollte man gründlich angießen.

IM OBSTGARTEN

OBSTBÄUME PFLANZEN

1 Zu zweit ist es einfacher das Bäumchen gerade und in der richtigen Höhe auszurichten.
2 Nach dem Einsetzen Erde festtreten und gründlich angießen. Stamm locker an den Stützpfahl binden.

Dafür ist jetzt Hochsaison, besonders für Himbeeren und Brombeeren sowie für frostempfindliche Baumobstarten wie Aprikose und Pfirsich. Zeitig im März gepflanzt haben die jungen Bäume und Sträucher noch ausreichend Zeit, einzuwurzeln und die Frühjahrsfeuchtigkeit für ein gutes Anwachsen zu nutzen. Man hebt ein Pflanzloch aus, das doppelt so breit wie der Wurzelballen ist. Die Erde wird noch etwa 50 cm tief gut auflockert und der Aushub mit Humus anreichert. Für einen Baum schlägt man vor dem Einsetzen einen Pfahl zum Festbinden in das Pflanzloch. Das Gehölz wird senkrecht in das Pflanzloch eingesetzt und dieses mit dem Aushub aufgefüllt und mit Wasser angegossen. Sobald die Wurzeln bedeckt sind, tritt man die Erde fest und füllt das Pflanzloch ganz auf. Um die Pflanze herum wird die Erde leicht angehäufelt. Bäume bindet man nach dem Einsetzen am Stützpfahl fest.

OBSTGEHÖLZE RICHTIG DÜNGEN

Reiche Ernte bringen nur gut gepflegte Obstgehölze. Im eigenen Garten kann man es sich leisten, ausschließlich mit natürlichem Material zu düngen. Das erfordert etwas mehr Aufwand, wird aber mit gesunden und aromatischen Früchten belohnt. Der beste Zeitpunkt ist das zeitige Frühjahr oder der Herbst. Man verteilt rund um jeden Beerenstrauch 2 l Kompost mit 100 g Hornmehl, bei Obstbäumen 4 l Kompost mit 100–140 g Hornmehl im Kronenbereich und harkt ihn leicht ein. Alternativ lassen sich organisch-mineralische Universaldünger einsetzen: für Kern- und Steinobst 100–150 g, für Beerensträucher 100 g.

APRIL

Jetzt lässt sich im Garten der Frühling mit allen Sinnen genießen. Die Frühlingswiese steht in sattem Grün und auf den Beeten leuchten gelbe Narzissen und bunte Tulpen. An den Gehölzen entfalten sich die ersten Laubblätter. In milden Regionen erblühen Apfel, Birne und Kirsche und jeder hofft, dass Spätfröste nicht die Obstblüten und damit die Ernte zunichte machen.

Lilienblütige Tulpen und Hängender Zierapfel

AUF EINEN BLICK

ALLGEMEINE GARTENARBEITEN

- Rasenmäher funktionsbereit machen
- Wasserhähne, Regentonnen in Betrieb nehmen
- Bei Bedarf neuen Komposthaufen anlegen
- Unkräuter ausstechen bzw. jäten
- Mulchdecken ergänzen bzw. neu aufbringen
- bei längeren Trockenperioden gießen
- Saaten vor Vogelfraß schützen

ZIERGARTEN

- Sommerblumen aussäen bzw. vorziehen
- Stauden pflanzen, vor allem Arten, die die Herbstpflanzung schlecht vertragen
- Stauden teilen und umpflanzen
- Dahlien und Gladiolen pflanzen
- Nistkästen aufhängen und vor Katzen schützen

GEMÜSEGARTEN

- Aussaat und Vorkultur unter Folie: Salat, Blumenkohl, Kohlrabi, Bleichsellerie, Knollenfenchel
- Aussaat ins Freie: Spinat, Erbsen, Rettich, Radieschen, Zwiebeln, Lauch, Mangold, Möhren, Gewürzkräuter

OBSTGARTEN

- Beerensträucher, Kiwi, Wein, Monatserdbeeren pflanzen
- starkwüchsige Bäume kurz vor der Blüte schneiden, um das Wachstum zu bremsen
- harzende Stellen an Obstbäumen ausschneiden, Wunden sorgfältig verschließen
- auf Schädlinge achten (z. B. Frostspanner, Spinnmilben, Birnengallmücke) Beerensträucher, Kiwi, Wein, Monatserdbeeren pflanzen
- starkwüchsige Bäume kurz vor der Blüte schneiden, um das Wachstum zu bremsen
- harzende Stellen an Obstbäumen ausschneiden, Wunden sorgfältig verschließen
- auf Schädlinge achten (z. B. Frostspanner, Spinnmilben, Birnengallmücke)

IM ZIERGARTEN

PFLANZE DES MONATS

Mit ihrem üppig blühenden Flor ist die Tulpenmagnolie *(Magnolia x soulangiana)* sicher eines der auffälligsten Blütengehölze. Die aufrechtstehenden, weiß-rosa Blüten erinnern ein wenig an Tulpen, daher auch der Name. Neben dieser prachtvollen Hybride sollte man die ebenso eindrucksvollen anderen Magnolienarten nicht vergessen wie die weiß blühende Baummagnolie *(M. kobus)*, die Sternmagnolie *(M. stellata)* mit ihren schmalen, weißen Blütenblättern oder die Sommermagnolie *(M. sieboldii)*.

Tulpenmagnolie

BLUMENBEETE BEPFLANZEN

Wenn sich im vergangenen Sommer Lücken in den Blumenbeeten aufgetan haben, so ist jetzt die beste Zeit, sie zu schließen. Langlebige Blütenstauden wachsen zügig an, wenn man sie im April pflanzt. Wichtig ist eine gute Vorbereitung. Lücken in Beeten bewachsen rasch mit Unkräutern, man sollte sie mitsamt ihren Wurzeln sorgfältig entfernen, ehe die neuen Pflanzen gesetzt werden. Sonst breiten sich Quecke und Giersch wieder aus. Man hebt nicht nur einzelne Pflanzlöcher für die Neuankömmlinge aus, sondern lockert den Boden großflächig. Dabei dürfen jedoch die Wurzeln benachbarter, bereits eingewachsener Stauden nicht beschädigt werden. Deshalb sollte man möglichst Werkzeuge mit kleinen Arbeitsflächen, wie Handschaufeln und -krallen, benutzen.

KRÄUTERRASEN PFLANZEN

Der April ist für die Anlage eines Kräuterrasens Hochsaison, sobald der Boden abgetrocknet ist und sich die Flächen gut bearbeiten lassen. Denn ein Kräuterrasen ist pflegeleicht, muss nicht gedüngt und gewässert und nicht oft gemäht werden. Es empfehlen sich trittfeste Arten wie Bärwurz, Gundermann, Günsel, Gänseblümchen, Thymian oder Veilchen. Sie können sich jahrelang gegen die ebenfalls aufkeimenden Gräser durchsetzen. Denn sie bilden durch Ausläufer und Samen bald dichte Bestände. Gemäht wird der Kräuterrasen erst, wenn die Kräuter Samen gebildet und sich auf natürliche Weise ausgebreitet haben.

Möhren brauchen Platz, um zu gedeihen.

IM GEMÜSEGARTEN

RICHTIGE AUSSAAT FÜR GESUNDE MÖHREN

Möhren und kleine runde Karotten reifen oft nur zögerlich. Je länger dieser Prozess dauert, desto mehr lichten sich die Reihen. Oft werden Möhren auch viel zu dicht gesät und die jungen Pflänzchen müssen mühsam vereinzelt werden. Beide Probleme lassen sich einfach lösen. Man lässt die Möhrensamen etwa 6 Stunden in handwarmem Wasser quellen und anschließend auf Küchenpapier trocknen. Dann werden sie mit 1-2 Handvoll Sand vermischt und wie gewohnt ausgesät.

DIE MISCHUNG MACHT'S

Organisch-mineralische Dünger sind sehr wertvoll für den Gemüsegarten. Sie bestehen aus Horn-, Knochen- oder Blutmehl, vermischt mit mineralischen Düngemitteln. Dadurch wird ein optimales Verhältnis zwischen den Hauptnährstoffen sowie eine Sofort- und Langzeitwirkung erzielt. Es besteht keine Gefahr, dass die Pflanzenwurzeln wegen Überdüngung verbrennen.

Zuckererbsen erfreuen sich zunehmender Beliebtheit.

ZUCKERERBSEN AUSSÄEN

Bei Zuckererbsen muss man die Körner nicht mühsam auspalen, da sie mitsamt ihrer Hülse zubereitet werden. Ausgesät wird im April in Doppelreihen in 5 cm tiefe Saatrillen. In der Mitte bleibt Platz für eine Rankhilfe.

Eine Vliesabdeckung beschleunigt die Keimung und schützt die Pflanzen vor Kälte und Vogelfraß. Bis die Pflanzen 80 cm hoch sind, sollte man sie immer wieder an die Rankhilfe heranführen. Vor allem zur Blütezeit und zu Beginn der Hülsenentwicklung muss für ausreichend Feuchtigkeit gesorgt werden. Geerntet wird, wenn die Hülsen noch zart und durchscheinend und die Erbsen noch klein sind, in der Regel Ende Juni.

IM OBSTGARTEN

WILDOBST WIEDERENTDECKT

Mit der Rückbesinnung auf Natürliches erfreuen sich heute auch wieder viele Wildobst-Arten wie Sanddorn, Schlehe und Felsenbirne wachsender Beliebtheit. Sie alle sind anspruchslos, kommen mit jedem Boden zurecht und erweisen sich gegenüber Krankheiten und Schädlingen als widerstandsfähiger. Die meisten stehen allerdings gerne in der Sonne. Aufwendige Dünge- und Schnittmaßnahmen wie beim Kulturobst erübrigen sich. Die Früchte sind meist nicht roh verzehrbar, eignen sich aber hervorragend für Säfte, Gelees, Marmeladen und Liköre.

Schlehe

OPTIMALER START FÜR HIMBEEREN

Ehe Himbeeren in die Saison starten, werden sie noch einmal reichlich mit gut ausgereiftem Kompost versorgt. Himbeeren sind Flachwurzler und reagieren sensibel auf alles, was auf der Bodenoberfläche geschieht. Für eine Mulchschicht aus Holzhäcksel, Laub oder Rasenschnitt sind die Pflanzen besonders dankbar. Darunter bleibt die Erde länger feucht, aufkeimendes Unkraut wird unterdrückt und man muss seltener hacken. Nach der Blüte wird nochmals gedüngt.

BROMBEERSTRÄUCHER PFLEGEN

Brombeeren sind frostempfindlicher als andere Strauchbeeren. Weil die holzigen Zweige gerade bei jungen Sträuchern bis zum Winter nicht genügend ausreifen, setzt man die Jungpflanzen ab Anfang April bis spätestens Mitte Juni in den Garten. Sie werden an einem Spalier aus quer gespannten Drähten befestigt. Jährlich leitet man 6–10 Hauptruten fächerförmig auf und kürzt sie auf ca. 2 m Länge ein. Nachwachsende Jungruten werden wechselweise zwischen den bereits fruchttragenden Ruten angebunden. Nach der Ernte schneidet man alle abgetragenen Hauptruten und überzähligen Jungruten dicht über dem Boden ab.

Unreife Brombeeren sind rot, reife schwarz.

MAI

Der Mai gilt vielen Menschen als der schönste Monat des Jahres, weil nun die Natur wieder vollends erwacht ist. Laue Lüfte, warmer Regen und milde Sonne fördern das Pflanzenleben gewaltig und lassen keinen Gärtner mehr ruhen. Inmitten der frühlingshaften Blütenpracht lässt es sich gut werkeln und die Arbeit macht so doppelte Freude. Nach den Eisheiligen kommt dann die Gartenarbeit voll in Gang. Vor allem müssen die vielen bunten Sommerblumen ausgepflanzt werden.

Blühende Maiglöckchen im Garten

AUF EINEN BLICK

ALLGEMEINE GARTENARBEITEN

- frisch gesetzte und aufgegangene Pflanzen bei Trockenheit gießen
- Unkraut jäten
- auf Schnecken achten, evtl. Schneckenzaun aufstellen
- Dickmaulrüssler und Blattläuse bei Auftreten bekämpfen

ZIERGARTEN

- zweijährige Pflanzen aussäen
- einjährige Sommerblumen pflanzen
- Polsterstauden teilen und verpflanzen
- sommerblühende Zwiebel- und Knollengewächse pflanzen
- Verblühtes regelmäßig entfernen
- frühlingsblühende Gehölze auslichten
- Edelrosen entspitzen, Kletterrosen aufleiten
- Rasen mähen

GEMÜSEGARTEN

- Aussaat und Vorkultur: Salat, Spinat, Mangold, Möhren, Rote Bete, Radieschen, Rettich, Grünkohl, Brokkoli, Busch- und Stangenbohnen, Chicorée
- Pflanzung (nach den Eisheiligen): Tomaten, Paprika, Gurken, Zucchini, Knollensellerie, Kohlrabi, Bohnen
- Ernte von frühen Salaten, Schnitt- und Pflücksalat, Spinat, ersten Mairüben, Radieschen, Rettichen, Rhabarber

OBSTGARTEN

- Mulch auf Baumscheiben ausbringen
- Erdbeeren mit Stroh, Holzwolle oder Pappe mulchen (auch als Vorbeugung gegen Grauschimmel)
- Obstbäume wässern
- Kapuzinerkresse auf Baumscheiben säen (Fangpflanze gegen Läuse)

IM ZIERGARTEN

PFLANZE DES MONATS

Das Maiglöckchen *(Convallaria majalis)* ist schon sehr lange eine Kulturpflanze und wird von vielen Gärtnereien - meist als Jungpflanze - angeboten. Es gibt inzwischen eine ganze Reihe schöner Sorten, zum Beispiel „Grandiflora" und „Rosea" (leicht rosa getönt) und „Plena" (gefüllt). Das dünne Rhizom breitet sich horizontal am Boden aus und bildet an der Oberseite viele Triebe, an der Unterseite feine Wurzeln. Lässt man die Pflanzen in Ruhe, dann verwildern sie und bedecken schnell größere Flächen.

RASENSCHNITT

Ein regelmäßiger Schnitt macht den grünen Teppich dicht und schön, da er die Verzweigung der Gräser fördert. Während der Hauptwachstumsperiode von April bis Juni sollte man den Rasen zweimal wöchentlich mähen. Danach reicht ein Schnitt pro Woche aus. Dabei entfernt man jeweils höchstens ein Drittel der Blattlänge, um die Gräser nicht zu schwächen. Vor allem im Sommer führt ein zu tiefer Schnitt zu Verbrennungen, von denen sich der Rasen nur langsam erholt. Die optimale Schnitthöhe sind 3,5 cm.

Pfingstrosen im Frühsommerbeet

DIE PFINGSTROSE – EDLE SCHÖNHEIT MIT GESCHICHTE

Die Echte Pfingstrose *(Paeonia officinalis)* ist in unseren Gärten seit Jahrhunderten bekannt, man kann sie als eine alte Bauernblume bezeichnen. Sie blüht besonders schön und auffallend in einer Zeit, in der der Frühjahrsflor vorüber ist und die Sommerblumen noch nicht blühen. Die Pfingstrose sollte möglicht über viele Jahre den gleichen Standort behalten. Nach der Blüte ist sie für eine kräftige Düngung dankbar. Bei der Pflanzung (Frühjahr oder Herbst) ist darauf zu achten, dass die Wurzeln nicht allzu tief in den Boden gesetzt werden, sonst wartet man vergeblich auf Blüten. Bis zur ersten Blüte muss man sich 2-3 Jahre gedulden, kann sich aber dann viele Jahre lang über große, wunderschöne Blüten freuen. Die Triebknospen sollten mit der Erdoberfläche abschließen.

IM GEMÜSEGARTEN

PFLEGE FÜR JUNGES GEMÜSE

Die richtige Pflege von Anfang an sorgt für einen guten Saisonstart im Gemüsegarten. Die Jungpflanzen besitzen noch kein großes Wurzelwerk, ist der Boden zu trocken, stockt das Wachstum, keimende Saaten gehen sogar ganz ein. Bleibt der Regen aus, muss morgens mit feiner Brause gewässert werden. Ein verkrusteter Boden nimmt Feuchtigkeit schlechter auf und fördert die Unkrautbildung. Das lässt sich durch regelmäßiges, vorsichtiges Hacken vermeiden. Bei Reihensaaten stehen die Keimlinge meist zu dicht. Man dünnt deshalb die Reihen auf den richtigen Pflanzabstand aus.

MONATSGEMÜSE AUBERGINE

Die Aubergine *(Solanum melongena)* ist eine wärmebedürftige Pflanze und sollte deshalb einen geschützten, warmen Platz im Garten erhalten. Da die Wurzeln bis 80 cm tief reichen, muss der Boden locker und tiefgründig sein. Gepflanzt werden Auberginen ab Ende Mai im Abstand von 60 x 50 cm. Eine Kompostschicht hält den Boden gleichmäßig feucht. An jeder Pflanze sollten nur drei Haupttriebe mit je zwei Fruchtansätzen belassen werden. Geerntet wird Ende Juli bis Anfang August. Die Früchte sind reif, wenn sie violett glänzen.

Von *S. melongena* gibt es zahlreiche Sorten.

SALAT AUS DEM GARTEN

Knackiger Salat, garantiert ungespritzt, zählt zu den Freuden des Hobbygärtners. Je nach Witterung können die ersten vorgezogenen Pflänzchen im Abstand von 20–35 cm schon ab Anfang Mai ins Freibeet unter Folie gesetzt werden. Mit einer Folienabdeckung oder einem Folientunnel kann bis Ende August gepflanzt werden. Wichtig ist, dass die jungen Pflanzen möglichst hoch gesetzt werden, um zu verhindern, dass die Pflanzen von innen heraus faulen oder sich nur kleine Köpfe ausbilden.

Folie über Drahtbügel ziehen und seitlich beschweren. Zum Lüften Folie an der Seite hochschieben.

Mit blühendem Thymian bedeckte Baumscheibe

IM OBSTGARTEN

BAUMSCHEIBEN FÜR OBSTBÄUME ANLEGEN

Die meisten Obstbäume haben ein flaches Wurzelwerk, das sich etwa doppelt so weit wie der Kronendurchmesser ausbreitet. Die Wurzeln in Stammnähe liegen besonders dicht an der Bodenoberfläche. Hier reagieren die Bäume empfindlich auf Boden-Bearbeitungsmaßnahmen mit Spaten oder anderen Geräten. Möchte man Obstbäume mit Bodendeckern unterpflanzen, sollte die Pflanzfläche zuvor mit einer 5–10 cm dicken Kompostschicht abgedeckt und dann erst bepflanzt werden. Die Nährstoffe aus dem Kompost kommen auch den Baumwurzeln zugute.

Äpfel am Spalier

SPALIEROBST RICHTIG ERZIEHEN

Mit einem speziell geformten Jungbaum aus der Baumschule und der richtigen Schnitttechnik kommt auch der Hobby-Obstgärtner schon bald zum Erfolg. Bei der klassischen Spalierform hat die Pflanze einen Mitteltrieb, von dem in verschiedenen Ebenen auf gleicher Höhe jeweils zwei Seitenäste abzweigen. Erst wenn nach einigen Jahren alle Seitentriebe am Spalier haften und Früchte tragen, wird der Mitteltrieb entfernt. Jetzt im Frühling sind die Seitentriebe weich und biegsam und man bindet sie waagerecht am Spalier fest. Die überflüssigen Zweige, die senkrecht nach oben streben, werden entfernt. Als Spalierobst eignen sich vor allem Birnen, Äpfel und Pfirsiche.

JUNI

Die Sonnenstrahlen werden zunehmend intensiver, die Sträucher sind mit Knospen übersät, die sich zu einem Meer von Blüten öffnen. Ein Blick in den Garten macht schnell klar, warum der Juni Rosenmonat genannt wird. Für die Königin der Blumen findet sich selbst im kleinsten Garten ein Plätzchen und welcher Hobbygärtner will schon auf ihren Blütenzauber verzichten. Die ersten Blüten präsentiert die Rose gegen Ende des Frühlings und läuft dann innerhalb weniger Wochen zur Höchstform auf.

Die Königin der Blumen hat im Rosenmonat Juni ihren großen Auftritt.

AUF EINEN BLICK

ALLGEMEINE GARTENARBEITEN

- offene Bodenflächen lockern
- Mulchschichten um Jungpflanzen ausbringen
- Unkraut jäten
- bei Trockenheit gießen
- auf Schnecken achten

ZIERGARTEN

- Sommerblumen im Frühbeet aussäen und schattieren
- frühlings- und sommerblühende Stauden pflanzen
- Stecklinge schneiden
- regelmäßig Verblühtes entfernen
- Zwiebel- und Knollenpflanzen einziehen lassen, nur vergilbtes Laub entfernen
- Rasen erst nach Einziehen der Zwiebelblumen mähen
- Blütengehölze auslichten
- hohe Stauden aufbinden

GEMÜSEGARTEN

- Aussaat ins Freie: Spinat, Mangold, Möhren, rote Bete, Radieschen, Rettich, Rüben, Fenchel, Grünkohl, Kohlrabi, Bohnen, Radicchio
- Geiztriebe von Tomaten ausbrechen

OBSTGARTEN

- Absenker von Beerenobst im Boden verankern
- Fruchtbehang ausdünnen
- Himbeeren auslichten

IM ZIERGARTEN

PFLANZE DES MONATS

Der Rittersporn *(Delphinium)* ist eine alte Kulturpflanze und in fast allen Blautönen erhältlich. Die ein- bis zweijährige Staude mit ihren wuchtigen Blütenkolben blüht von Juni bis August. Zu den typischen Gartenritterspornen zählen die *Elatum*-Hybriden (bis 2 m hoch) mit dichten, aufrechten Blütenkerzen. Die niedrigen *Belladonna*-Hybriden (80–140 cm) sind stärker verzweigt und wirken graziler. Der Rittersporn braucht Halt, da ihn sonst der Wind umwirft. Die Pflanze gedeiht in allen Gartenböden, braucht aber einen vollsonnigen Platz und kann dort 3–4 Jahre bleiben.

Gartenrittersporn

DIE RICHTIGE ROSENPFLEGE

Zu den wichtigsten Pflegemaßnahmen gehört die regelmäßige und sorgfältige Bodenbearbeitung. Sie sollte nur oberflächennah erfolgen, damit die Feinwurzeln der Rosen nicht beschädigt werden. Das Aufrauen der Erdoberfläche bewirkt, dass der Boden wieder mehr Feuchtigkeit aufnehmen und speichern kann. Rosen müssen regelmäßig gegossen werden. Zu Beginn der Blüte wird nochmals gedüngt, ab Mitte Juli nicht mehr, damit die Triebe zum Winter ausreifen können. Eine Mulchdecke ist ideal, um Unkräuter fernzuhalten. Welke Blüten müssen regelmäßig entfernt werden, damit der Neuaustrieb von Knospen angeregt wird. Bei einmal blühenden Kletterrosen steht nach der Blüte der Sommerschnitt an. Die Seitentriebe werden auf 2–3 Augen eingekürzt. Neu gebildete Seitentriebe bleiben stehen, denn an ihnen entwickeln sich die Blüten im nächsten Jahr.

Üppige Rosenblüten gibt es nur bei guter Pflege.

IM GEMÜSEGARTEN

BODENPFLEGE IM GEMÜSEGARTEN

Die Reihen im Gemüsebeet schließen sich jetzt allmählich, Lücken bearbeitet man am besten mit der Hacke. Durch das Zerkrümeln der Bodenoberfläche wird der Wassernachschub aus dem Untergrund unterbrochen. Auf diese Weise trocknet an heißen Sommertagen nur die oberste Bodenschicht aus. Den Pflanzenwurzeln bleibt die Feuchtigkeit erhalten. Eine alte Gärtnerregel lautet: Einmal hacken spart dreimal gießen.

Salatbeet

FESTE SALATKÖPFE ERNTEN

In trockenen, heißen Sommern können Salate frühzeitig in die Höhe schießen, die Blätter werden bitter und derb. Ursache ist meist mangelnde Wasserversorgung, denn trocknen die Wurzeln aus, bilden die Pflanzen frühzeitig Blüten, um vor dem vermeintlichen Absterben noch Samen zu bilden. Regelmäßiges Gießen verhindert das Schossen. Zudem sollten Salate in gut belüftete Beete gepflanzt werden. Beim Kauf auf schossfeste Sorten achten.

KOPFDÜNGUNG FÜR GEMÜSE

Im Juni erhalten Gemüsearten, die viel Blattmasse ausbilden (Kürbis und Zucchini) oder den ganzen Sommer auf dem Beet stehen (Tomaten, Paprika, Auberginen) eine Kopfdüngung. Hierbei wird während der Wachstumsphase der Pflanzen leicht löslicher und schnell wirksamer, meist stickstoffhaltiger Dünger verabreicht.

TOMATEN STÄBEN

Tomaten sollten gleich beim Pflanzen mit einer Stütze versehen werden. Man bindet die Pflanzen nach jedem zweiten Blattpaar an der Stütze fest, damit sie aufrecht wachsen und nicht umfallen. In den Blattachseln entstehende Seitentriebe werden ausgebrochen, damit nicht unnötig Wuchskraft verloren geht. Schneidet man Mitte August den Haupttrieb ab, damit sich keine weiteren Fruchtansätze mehr bilden, werden die vorhandenen Früchte größer. Von besonders aromatischen Tomaten kann man die Samenkerne trocknen und sie als Saatgut im nächsten Jahr verwenden.

IM OBSTGARTEN

APFELBÄUME GRÜNDLICH WÄSSERN

Äpfel benötigen deutlich mehr Wasser als alle anderen Obstarten. Nach sommerlichen Hitzeperioden werfen vor allem die Frühsorten einen Teil ihrer Früchte einfach ab. Bei den Winteräpfeln leidet der Geschmack und die Früchte sind nicht lange lagerfähig. Außerdem bilden die Bäume weniger Blütenknospen aus und die nächste Ernte fällt geringer aus. Deshalb gilt die Faustregel: Lieber einmal wöchentlich gründlich wässern als häufig, aber nur wenig. Nach dem Gießen sollte der Boden bis in 20 cm Tiefe durchfeuchtet sein (Spatenprobe).

KONSTANT ERTRAGREICHE ERNTEN

Wenn Obstbäume nach einem ertragreichen Jahr im nächsten nur mehr wenig Früchte tragen, so ist dies ein natürlicher Vorgang - sie wollen Kraft sparen. Der Hobbygärtner möchte aber jedes Jahr gleich viel ernten. Dafür gibt es zwei Möglichkeiten: Man entfernt im Frühjahr einen Teil der Blüten oder dünnt (Ende Juni) den Fruchtansatz aus, wenn der natürliche Fruchtfall beendet ist. Bäume befreien sich auch selbstständig von zu viel Ballast. Man entfernt zusätzlich einige der Fruchtbüschel und dünnt die restlichen aus. Es bleiben jeweils nur 2-3 Früchte pro Büschel.

Sommerschnitt am Birnbaum.

AROMATISCHE WALDERDBEEREN

Jetzt im Juni wird auch die Stammform der Erdbeere, die Walderdbeere *(Fragaria vesca)* reif. Die Ernte der kleinen Früchte ist zwar etwas mühsam, aber die Mühe lohnt sich! Denn die ausgereiften Miniaturerdbeeren sind ein echtes Aromaerlebnis. Zudem bieten sie sich als hübscher Lückenfüller im Staudenbeet oder als Unterpflanzung von Obstgehölzen an. Die Blüten sind reich an Pollen und Nektar!

Walderdbeeren eignen sich auch als Bodendecker.

JULI

Jetzt ist der Sommer auf seinem Höhepunkt, der Garten zeigt sich in einem prächtigen Gewand und verwöhnt das Gärtnerauge mit der farbenfrohen Blütenfülle vieler Sommerblumen. Darüber hinaus liefert er reiche Ernten an Obst und Gemüse: Süße Beeren, frisch gepflückt, erfrischen nach getaner Arbeit, erntereifes Gemüse, wie zum Beispiel die verschiedenen Hülsenfrüchte, füllt nicht nur Kochtöpfe, sondern auch Einmachgläser und Kühltruhen.

Johannisbeeren sind leckere Naschfrüchte, die sich auch in einem kleinen Garten anbauen lassen.

AUF EINEN BLICK

ALLGEMEINE GARTENARBEITEN

- offene Bodenflächen lockern
- Mulchschichten um Jungpflanzen ausbringen
- Unkraut jäten
- bei Trockenheit gießen
- auf Schnecken achten

ZIERGARTEN

- zweijährige Sommerblumen bis Mitte des Monats aussäen
- Verblühtes regelmäßig entfernen
- Frühsommerblüher bis zum Boden zurückschneiden (Rittersporn, Lupine)
- zweimal blühende Stauden (Phlox, Sonnenbraut) einkürzen
- Blumenwiese erstmals mähen
- Sternrußtau, Mehltau, Rost bei Rosen bekämpfen

GEMÜSEGARTEN

- Aussaat ins Freie: Salat, Spinat, Mangold, Rote Bete, Rettich, Radieschen, Rüben, Chinakohl, Bohnen, Radicchio
- Blumenkohl und Kohlrabi auspflanzen

OBSTGARTEN

- Erdbeeren setzen
- Absenker von Erdbeeren von den Mutterpflanzen trennen
- stark tragende Zweige beim Obst stützen
- Auslichtungs- und Pflegeschnitt bei Steinobst
- Himbeerruten nach der Ernte dicht unter der Erde abschneiden

Gartennelken

IM ZIERGARTEN

PFLANZE DES MONATS

Während viele Gartenzüchtungen den Duft ihrer Vorfahren verloren haben, kann die Gartennelke *(Dianthus caryophyllus)* noch immer mit ihrem betörenden Duft aufwarten. Die Farben der Kronblätter reichen von Weiß über Rosa und Purpur bis Rot. Es gibt aber auch gemusterte, mehrfarbige sowie gefüllte oder ungefüllte Varianten. Die romantischen Sommerblüher brauchen einen lockeren Boden, viel Sonne, wenig Wasser und müssen auch nicht gedüngt werden.

GIESSEN ZUM SPARTARIF

Beim Gießen kommt es drauf an, dass das Wasser bis in den Wurzelraum der Pflanzen durchdringt und nicht nur die oberste Erdschicht durchfeuchtet. Das beste und zugleich kostenlose Gießwasser ist Regenwasser. Es lässt sich leicht in Fässern oder Tonnen direkt aus der Regenrinne auffangen.

- Besser weniger oft, aber durchdringend und mit einem sanften Strahl gießen.
- Bei frisch ausgesäten Pflanzen möglichst abgestandenes, leicht angewärmtes Wasser verwenden. Kaltes Wasser kühlt den Boden ab und stört den Keimvorgang.
- Bei frisch gepflanzten Sträuchern oder Stauden einen Gießring um die Pflanze legen und langsam mit Wasser füllen.
- Am besten am Abend gießen, damit der Temperaturunterschied zwischen Boden und Wasser nicht zu groß ist.

VERBLÜHTE STAUDEN JETZT TEILEN

Frühlingsblüher lassen sich nach der Blüte leicht vermehren. Zunächst werden die alten Blütenstiele und die Blätter kräftig zurückgeschnitten. Dann legt man mit einer Grabgabel von den Rändern her vorsichtig ein Stück frei, sticht es ab und hebt es heraus. Die Wurzeln werden besonders geschont, wenn man die Stücke vorsichtig mit der Hand auseinanderzieht. Der Wurzelballen wird mit einem Messer zertrennt. Kräftige Teilstücke werden sofort an geeigneter Stelle wieder eingepflanzt und gut feucht gehalten.

IM GEMÜSEGARTEN

GEMÜSE WILL GEPFLEGT SEIN

Bei einigen Gemüsearten sind während ihrer Wachstumszeit spezielle Pflegemaßnahmen nötig.

- Lauch muss immer wieder angehäufelt werden, damit er längere, weiße Schäfte bildet.
- Auch Gelbe Rüben müssen angehäufelt werden, wenn sie an der Erdoberfläche zu sehen sind. Sie werden am Licht sonst grün und ungenießbar.
- Tomaten sollten gleich beim Pflanzen mit einer Stütze versehen und immer wieder festgebunden werden, damit sie aufrecht wachsen und nicht umfallen.
- Zwiebeln reifen besser, wenn 2-3 Wochen vor der Ernte das Laub seitlich abgeknickt wird.

Durch Anhäufeln erreicht man, dass die Lauchstangen weiß bleiben.

ANHÄUFELN

Wenn man zwischen Tomaten, Gurken, Bohnen und Kohl mit der Hacke arbeitet, kann auch gleich angehäufelt werden. Man zieht die gelockerte Erde zwischen den Reihen an der Sprossbasis heran und drückt sie etwas an. Das erhöht bei den größeren und bereits schweres Erntegut tragenden Pflanzen die Standfestigkeit und fördert die Bildung so genannter Adventivwurzeln (zusätzliche Wurzeln), die der Nährstoff- und Wasseraufnahme zugute kommen.

KRÄUTER DURCH STECKLINGE VERMEHREN

Staudig oder halbstrauchartig wachsende Kräuter wie Salbei, Rosmarin, Oregano, Minze, Thymian, Lavendel, Estragon lassen sich relativ einfach vermehren. Im Juli/August schneidet man mit einem scharfen und sauberen Messer ca. 7-10 cm lange Spitzen nicht blühender und gesunder Triebe ab. Jeder Steckling sollte mindestens 3 Blattpaare haben. Die Triebspitzen werden bis zum ersten Blattansatz in kleine Töpfe mit Anzuchterde gesteckt und vorsichtig angegossen. Treibt der Steckling neu aus, ist er angewurzelt und wird regelmäßig gegossen, aber nur leicht, damit die neuen Würzelchen nicht faulen. Im September/Oktober können die Jungpflanzen an den vorgesehenen Platz im Garten gesetzt werden.

IM OBSTGARTEN

PFLANZZEIT FÜR ERDBEEREN

Der optimale Termin für die Erdbeer-Neupflanzung liegt zwischen Mitte und Ende Juli, denn dann ist das Sortenangebot besonders umfangreich. Beim Boden nehmen es die Erdbeeren nicht so genau, ideal ist eine humose, sandig-lehmige Erde. Besonders wichtig ist die Pflanztiefe. Der Topfballen muss mindestens 0,5 cm mit Erde bedeckt sein, damit die Wurzeln nicht austrocknen. Dabei sollte der Wurzelhals möglichst freistehen. Nach der Pflanzung muss gut angegossen werden.

BEERENSTRÄUCHER DURCH ABSENKER VERMEHREN

Brombeeren, Johannisbeeren und Stachelbeeren können im Sommer durch Absenker vermehrt werden. Man lockert den Boden und versorgt ihn mit etwas Kompost. Dann wählt man kräftige ein- oder zweijährige Triebe aus und biegt diese in einem kurzen Bogen zur Erde herunter ①. Die Mitte des Triebs wird entblättert und mit einem Drahthaken so im Boden verankert, dass die beblätterte Spitze nach oben zeigt ②. Die „Verankerungsstelle" wird noch mit etwas Erde bedeckt. Der am Boden liegende Teil bildet im Laufe des Jahres Wurzeln aus und kann im Frühjahr von der Mutterpflanze getrennt werden ③.

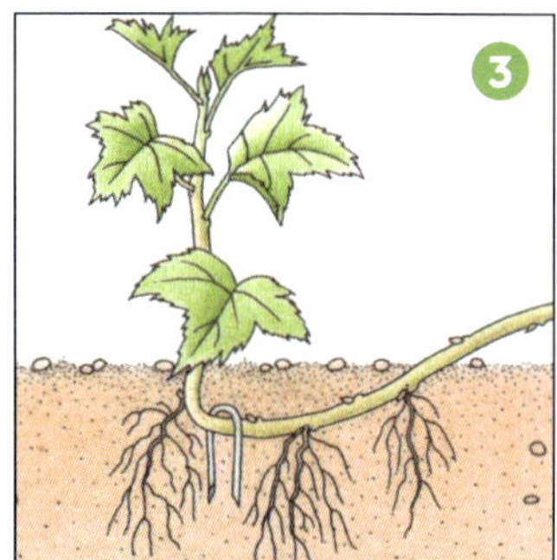

JOHANNISBEEREN ERNTEN UND SCHNEIDEN

Jährlich zur Erntezeit schneidet man einige der ältesten, Beeren tragende Zweige (sie sind an der dunklen Rinde zu erkennen) bodennah ab, legt sie auf einen Tisch und erntet auf diese Weise mühelos die Beeren. Man lässt genau so viele junge Triebe wie alte, also 3-4, am Strauch und schneidet den Rest heraus. Nach der Ernte wird der Boden rund um die Sträucher gelockert und mit reifem Kompost gedüngt, damit die Sträucher bis zum Herbst reichlich Blütenknospen für die Ernte im nächsten Jahr ansetzen.

AUGUST

Wenn auch der August noch oft die heißesten Tage („Hundstage“) bringt, so ist doch ab der Monatsmitte deutlich zu spüren, dass sich der Sommer dem Ende zuneigt. Die ersten Zugvögel versammeln sich schon zu ihrer langen Reise in den Süden. Im Garten blühen jetzt unverdrossen Dahlien, im Schatten geben sich Silberkerze, Funkie und Königslilie ein Stelldichein.

Die Einjährige Sonnenblume ist im hochsommerlichen Garten ein Hingucker.

AUF EINEN BLICK

ALLGEMEINE GARTENARBEITEN

- offene Bodenflächen lockern
- Mulchschichten ergänzen
- Brachflächen mit Gründüngung einsäen
- Unkraut jäten
- bei Trockenheit gießen

ZIERGARTEN

- früh blühende Stauden teilen und verpflanzen
- Herbstkrokus, Herbstzeitlose pflanzen
- Verblühtes regelmäßig entfernen
- Blumenwiese nochmals mähen

GEMÜSEGARTEN

- Aussaat ins Freie: Kopfsalat, Winterkresse, Radieschen, Rettich, Spinat, Wirsing, Radicchio
- Pflanzung: Kopfsalat, Endivie, Blumenkohl, Grünkohl, Kohlrabi, Lauch
- Ernte: Kopfsalat, Lauch, Zwiebeln, Möhren, Rote Bete, Rettich, Radieschen, Mangold, Hülsenfrüchte und andere Fruchtgemüse

OBSTGARTEN

- Erdbeeren pflanzen
- Obstgehölze ab Ende August nicht mehr gießen
- Auslichtungs- und Pflegeschnitt bei Pfirsich, Aprikose und Beerensträuchern direkt nach der Ernte

IM ZIERGARTEN

PFLANZE DES MONATS

Die einjährige Sonnenblume *(Helianthus annuus)*, der Klassiker des Bauerngartens, hat in den letzten Jahren mehr und mehr Freunde gefunden und auch in Gärten Einzug gehalten. Die Beliebtheit der Pflanze mit ihren großen, gelben Blütenscheiben ist zum einen auf die einfache Anzucht, zum anderen auf das stetig wachsende Sortiment zurückzuführen. Die Hauptblüte der meisten Sorten ist im Juli und August, einige Sorten blühen auch bis zum Oktober. Die Sonnenblumen fühlen sich in einem sonnigen Beet mit nährstoffreicher und kalkhaltiger Erde wohl. Sie eignen sich vor allem als Solitärpflanzen, lassen sich aber auch mit anderen Stauden und Sommerblumen gut kombinieren. Die Kerne sind ein beliebtes Vogelfutter im Winter.

BLÜHENDE ZAUNGÄSTE

Gartenzäune sind in der Regel nicht immer eine Zierde im Garten und man würde sie oft gerne hinter einer Wand blühender Pflanzen verbergen. Anstelle von Sträuchern, die einige Jahre brauchen, um hochzuwachsen, bieten sich hierfür Prachtstauden an. Besonders hochwüchsige Arten, die auf freier Fläche gestützt werden müssen, finden am Zaun sicheren Halt. Entscheidend für das Gelingen einer blühenden Grundstücksgrenze ist die richtige Pflanzenauswahl. Für vollsonnige Standorte eignen sich Stockrose *(Alcea rosea)*, Sonnenhut *(Helenium)*, Sonnenblume *(Helianthus)*, Flammenblume *(Phlox paniculata)*. An leicht schattigen Plätzen kommen Eisenhut *(Aconitum)*, Silberkerze *(Cimicifuga)* und Wiesenraute *(Thalictrum)* in Frage. Auch mit Wicke *(Lathyrus latifolius)* und Clematis (*Clematis*-Hybriden) lassen sich Zäune dicht und schön verdecken.

Untere Reihe von l.n.r.: Blutgras, Dahlien, Chrysanthemen; obere Reihe von l.n.r.: Lampenputzergras, Bartfaden, Rittersporn, Schwarzäugige Susanne

MEHR BLÜTEN DURCH SCHNITT

Wer seine Rosen zu mehr Blüten anregen will, sollte bei öfter blühenden Sorten regelmäßig die verwelkten Blüten abschneiden. Dann bilden die Pflanzen keine Früchte mehr und konzentrieren ihre Kraft auf neue Blütenknospen. Bei Edelrosen entfernt man die Triebe zwischen dem zweiten und dritten Blatt unterhalb der Blüte. Bei Beetrosen kann man den Trieb direkt unterhalb der Blüten kappen.

Grabgabel

IM GEMÜSEGARTEN

BODEN BEARBEITEN HILFT WASSER SPAREN

Auch jetzt im Hochsommer muss der Boden im Gemüsebeet gepflegt werden. Beim Hacken wird nicht nur Unkraut entfernt, gleichzeitig werden Bodenrisse und haarfeine Bodenporen, durch die das Wasser schnell an die Oberfläche gelangt, zerstört. Dort verdunstet es unter der Sonne rasch, der Boden dörrt aus. Werden diese Leitungen unterbrochen, bleibt die Feuchtigkeit länger für die Pflanzen im Wurzelbereich verfügbar. Ebenso sollte der Boden, bevor jetzt Blumenkohl, Brokkoli, Kohlrabi, Chinakohl, Sommersalat usw. neu gesät bzw. gepflanzt werden, nochmals gut 20 cm tief gelockert werden. Am besten eignet sich dafür eine Gabel mit vier 18–20 cm langen Zinken.

WIRSINGSPROSSEN SELBER ZIEHEN

Wirsingsprossen zählen zum Zartesten was der Gemüsegarten zu bieten hat. Das delikate und dekorative Mini-Gemüse kann ganz einfach selbst gezogen werden. Wenn die Sommerwirsingköpfe geerntet sind, sollte man die Pflanzen keinesfalls ausreißen, sondern stehen lassen. Nach kurzer Zeit bilden sich am Strunk in den ehemaligen Blattachseln neue Sprossen, die obendrein sehr gesund sind. Letzter Saattermin für Winterwirsing ist der 20. August. Ist der Platz im Gemüsegarten knapp, zieht man die Jungpflanzen in Töpfen vor und pflanzt sie ab Anfang Oktober an ihren endgültigen Platz.

Die Paprika ist ein wärmeliebendes Fruchtgemüse.

SOMMERGEMÜSE PAPRIKA

Paprika enthält nicht nur viele Vitamine, sondern bietet sowohl farbliche als auch geschmackliche Abwechslung. Es schmeckt roh ebenso gut wie gekocht und lässt sich vielseitig zubereiten. Am Strauch sind zunächst alle Früchte grün, erst mit fortschreitender Reife verfärben sie sich. Grün geerntet schmeckt Paprika frisch. Rote Sorten sind deutlich süßer und haben den höchsten Vitamin-C-Gehalt. Gelbe Sorten schmecken mild und fein. Die meisten Paprikasorten stellen hohe Ansprüche an den Boden und brauchen reichlich Wärme. Für alle Sorten gilt: Nach der Blüte reichlich gießen. Ein reicher Fruchtansatz lässt sich fördern, indem man die Pflanzen mit nur 2–3 Seitentrieben erzieht und den ersten Fruchtansatz an den Triebspitzen frühzeitig ausbricht.

IM OBSTGARTEN

APFELERNTE MIT GEDULD

Wenn im August die ersten Äpfel reif werden, sollte man mit der Ernte nicht zu voreilig sein. Der optimale Geschmack und die Haltbarkeit der Früchte hängen vom richtigen Erntetermin ab. Den erkennt man an der sogenannten Haftfestigkeit. Kurz vor der Vollreife bilden Apfelbäume an der Ansatzstelle des Fruchtstiels eine Korkzellenschicht als Trenngewebe (Sollbruchstelle) aus. Sie ist an einer leichten Einschnürung zu erkennen. Jetzt lassen sich die Früchte bereits durch einen leichten Druck auf diese Stelle oder leichtes Anheben pflücken.

Geduld bei der Ernte lohnt sich.

PFIRSICHE UND APRIKOSEN AM SPALIER

Pfirsiche und Aprikosen lassen sich sehr gut als Spalierobst ziehen und haben so auch in einem kleinen Garten Platz. Da beide sehr früh blühen und durch Spätfröste gefährdet sind, wählt man als Standort eine Südwand oder einen von Hecken geschützten Platz. Der Boden sollte durchlässig und tiefgründig sein. Bei freistehenden Pfirsichbäumen muss man reich tragende Äste stützen, da sie leicht brechen.

Pfirsiche am Spalier

OBSTBAUMVERBÄNDE KONTROLLIEREN

Im letzten Herbst oder auch im Frühjahr frisch gepflanzte Obstbäume haben den Sommer über kräftig an Stammumfang zugelegt. Es wird Zeit, die Schnüre zu kontrollieren, mit denen man die Jungbäume an Stützpfählen befestigt hat. Zu stramme Achterschlaufen lockert man, ehe sie einschneiden. Die Schnüre sollten aber immer noch stramm sitzen, sind sie zu locker, kann es bei Wind zu Schürfwunden kommen. Veredelungen, die im Frühjahr vorgenommen wurden, sind nun meist gut zusammengewachsen. Ehe der Verband an der Veredelungsstelle in die Rinde einschneidet, durchtrennt man ihn vorsichtig.

SEPTEMBER

In den oft langanhaltenden Schönwetterperioden des Spätsommers und frühen Herbstes lassen sich bereits gut Vorbereitungen für den Winter treffen. Kälteempfindliche Blumen werden von den Beeten geräumt, die Gemüsebeete leeren sich, das geerntete Obst wandert in den Vorratskeller. Mit den reichlich anfallenden Gartenabfällen lässt sich schon jetzt im Kompost der Grundstein für eine üppige Ernte im nächsten Jahr legen.

Dahlien verzaubern durch Formenvielfalt und Farbenpracht.

AUF EINEN BLICK

ALLGEMEINE GARTENARBEITEN

- Gehölzpflanzung planen
- Hügel- oder Hochbeet anlegen
- Bodenvorbereitung für Gehölzpflanzung: Pflanzgrube ausheben, Grund lockern, Mutterboden mit Kompost anreichern
- nur noch bei längerer Trockenheit gießen

ZIERGARTEN

- sommerblühende Stauden pflanzen
- zweijährige Sommerblumen pflanzen
- Zwiebel- und Knollengewächse pflanzen
- nach Laubfall Laubgehölze pflanzen
- immergrüne Hecken schneiden
- Blumenwiese mähen

GEMÜSEGARTEN

- Feldsalat, Spinat ins Freie säen
- Rhabarber pflanzen
- Lauch anhäufeln
- ausdauernde Gewürzkräuter durch Teilung verjüngen
- Gemüselager vorbereiten

OBSTGARTEN

- Beerensträucher und Haselnuss pflanzen
- Steckhölzer von Johannisbeeren schneiden
- Auslichtungsschnitt bei Pflaume und Mirabelle
- Beerensträucher schneiden
- Obstlager vorbereiten

Gelber Sonnenhut

IM ZIERGARTEN

PFLANZE DES MONATS

Sonnenhüte *(Rudbeckia)* bringen im Spätsommer mit leuchtend gelben Blütenkörben Farbe in jedes Staudenbeet. Die 16 Arten der Gattung stammen aus Nordamerika. Die meisten Arten sind mehrjährig, einige wie beispielsweise der Raue Sonnenhut *(Rudbeckia hirta)* sind kurzlebig und werden daher meist einjährig kultiviert. Von dieser Art sind zahlreiche, großblumige Sorten im Handel, deren Blüten von Gelb bis Rötlichbraun gefärbt sind. Die Stauden wachsen horstig und können größere Bestände bilden.

ZWIEBEL- UND KNOLLENGEWÄCHSE JETZT PFLANZEN

Das Setzen von Blumenzwiebeln und -knollen zählt zu den Arbeiten, die schon eine andere Gartensaison vorbereiten. Wer sich im Spätsommer oder Herbst ein wenig Mühe macht, kann sich im Frühjahr an reicher Blüte erfreuen. Der Boden sollte durchlässig und locker sein, damit Wurzeln und Triebe gut wachsen können. Als Faustregel gilt: Zwiebeln und Knollen im Abstand von 5–10 cm etwa 3- bis 4-mal so tief pflanzen, wie sie hochwachsen. 5–15 cm tief: Krokusse, Anemonen, Blaustern, Schneeglöckchen, Wildtulpen und -narzissen; 10–20 cm tief: Tulpen-Hybriden, Garten-Narzissen und -hyazinthen.

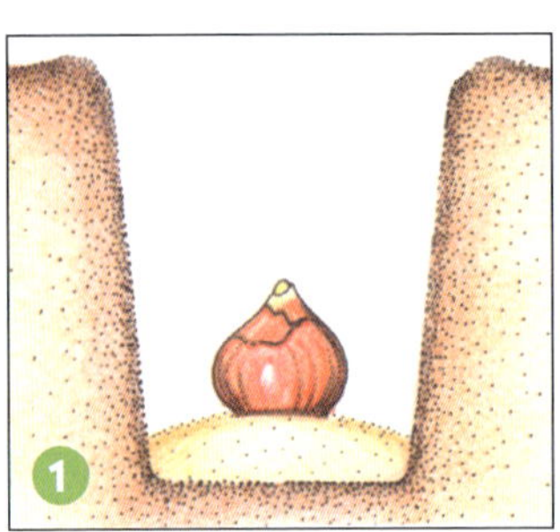

1 Pflanzloch genügend tief ausheben, bei schweren Böden Zwiebel auf eine Dränageschicht setzen.
2 Erde auffüllen, bei Herbstpflanzung Laubschicht als Winterschutz ausbringen.

BLÜTENGENUSS IM SPÄTSOMMER

Auch noch im Spätsommer bietet das Pflanzenreich im Garten viel Farbe und üppige Blüte. Zu Sommerblumen wie Zinnie, Löwenmäulchen, Dahlie und Kapuzinerkresse gesellen sich Stauden wie Sonnenbraut, Goldrute, Sonnenhut, Sonnenauge, Indianernessel und die hohe Herbstaster.

IM GEMÜSEGARTEN

HÜGELBEET ANLEGEN

Wenn der Platz nur für wenige Beete ausreicht, lassen sich dennoch mit der Anlage eines Hügelbeets möglichst hohe Erträge erzielen. Das Prinzip ist einfach. Durch das vergrößerte Erdvolumen und die gewölbte Beetoberfläche ergibt sich eine nutzbare Anbaufläche, die größer ist als bei einem Flachbeet gleicher Grundfläche.

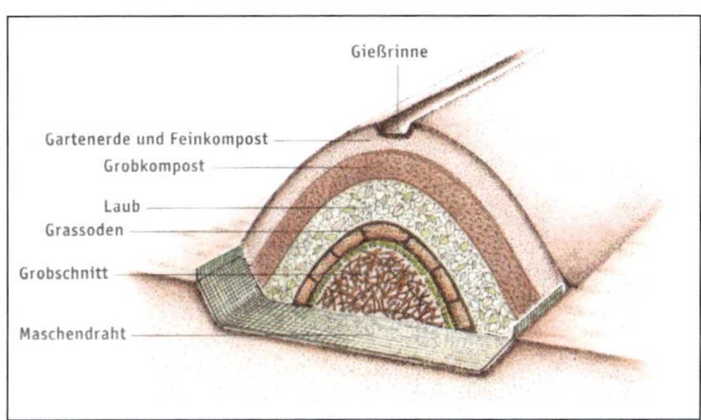

Schematischer Aufbau eines Hügelbeets, der Maschendraht soll gegen Wühlmäuse schützen.

KERBEL FÜR DIE FEINE KÜCHE

Wer im nächsten Frühjahr Kerbel ernten möchte, sollte das feine Kraut bis Ende September aussäen. Vor Wintereinbruch müssen die Pflanzen mit Reisig abgedeckt werden. Auch im Frühbeet oder unbeheizten Gewächshaus gedeiht Kerbel prächtig. Hier kann man sich mit der Aussaat bis Anfang Oktober Zeit lassen. Im Frühjahr liefern die Blätter das erste frische Grün aus dem Garten.

ROSENKOHL VOR DER ERNTE PFLEGEN

Ab Mitte September sollte Rosenkohl erntereif sein. Der Ertrag lässt sich deutlich steigern, wenn die Pflanzen zwei- bis dreimal von unten beginnend durchgepflückt werden. Sind die untersten Partien abgeerntet, wachsen die Knospen darüber besser nach. Haben sich die Röschen bis Ende September noch nicht ausgebildet, kann das Köpfen der Pflanzen einen Wachstumsschub bewirken. Die Röschen werden dann allerdings sehr locker. Das Ausbrechen (Ausgeizen) der Triebspitzen ist deshalb nur eine Notmaßnahme. Zur Vorbeugung regelmäßig gießen, damit die Röschenbildung nicht stockt.

Rosenkohl ist ein beliebtes Wintergemüse.

Pflaume

IM OBSTGARTEN

ZWETSCHEN, PFLAUMEN, MIRABELLEN

An ihnen hat jeder Gartenbesitzer Freude. Denn diese Obstsorten sind wuchsfreudig, bringen reichen Früchtesegen und sind weniger anfällig gegen Schädlings- und Krankheitsbefall als Äpfel und Birnen. Die reifen Früchte eignen sich nicht zum Lagern. In Marmeladen, Mus, Säften und Obstbränden bleibt ihr Aroma erhalten. Zwetschen nennt man Sorten mit violetten, länglichen, ungefurchten Früchten mit einem leicht löslichen Stein. Pflaumen reifen meist früher, sind größer, runder und längs gefurcht. Das Fruchtfleisch ist süßer und saftiger, der Stein lässt sich nur schwer herauslösen. Mirabellen sind gelb, viel kleiner, kugelrund, der Stein löst sich leicht.

REBENPFLEGE VOR DER WEINERNTE

Nicht nur in den Weinanbaugebieten läuft im September die Weinernte auf Hochtouren. Auch in den Hausgärten reifen jetzt die Trauben aus. Damit sie auch richtig süß und saftig schmecken, sollten sie noch einmal richtig Sonne tanken. Es empfiehlt sich deshalb, nochmals überflüssige Seitentriebe sowie Blätter, die unnötig Schatten auf die Trauben werfen und faule Früchte zu entfernen

Geißblattbeeren

WILDOBST – GENIESSBAR ODER GIFTIG?

Jetzt tragen viele Wildgehölzhecken verlockende und farbenprächtige Früchte. Welche davon kann man essen, welche werden erst genießbar, wenn man sie kocht und welche sind in jedem Falle giftig? Schwarze Holunderbeeren haben roh eine stark abführende Wirkung. Werden die Beeren jedoch erhitzt, verlieren sie ihre Giftstoffe und es lassen sich aus ihnen köstliche Marmeladen und gesunde Säfte herstellen. Vorsicht ist unbedingt bei Ziergehölzen mit auffälligen Früchten geboten. Während die Früchte von Mahonie, Sauerdorn und Felsenbirne essbar sind, muss man um die absolut giftigen Beeren von Schneebeere, Liguster und Geißblatt einen großen Bogen machen!

OKTOBER

Die schon tief stehende Sonne lässt die Blätter der Bäume in den schönsten Farben leuchten. Die Tage sind merklich kürzer, und wenn auch die Oktobersonne noch für warme Stunden sorgt, so können sich bereits die ersten Nachtfröste einstellen. Der Gärtner kann sich auch an der Farbenpracht verschiedener Herbstastern erfreuen. Und es gibt auch einiges zu tun im Garten, denn er muss auf den Winter vorbereitet werden.

Der Oktober bringt reiche Ernte.

AUF EINEN BLICK

ALLGEMEINE GARTENARBEITEN

- Rasenmäher gründlich reinigen
- Laub rechen, kompostieren oder zum Mulchen verwenden
- Winterschutzmaterial bereithalten
- Boden mit Grabgabel lockern, dabei Unkraut entfernen, dann mit Kompost düngen und abschließend mulchen
- neu geplante Beete vorbereiten, mit Gründüngung ansäen
- Schlupfwinkel (Reisig- und Laubhaufen) für Nützlinge anlegen

ZIERGARTEN

- herbstblühende Stauden pflanzen
- Laubgehölze pflanzen und an Pfähle binden
- Rosen pflanzen (Triebe nicht einkürzen)
- Spätsommer- und Herbstblüher bis auf den Boden zurückschneiden
- immergrüne Gehölze gründlich wässern
- Rasen zum letzten Mal mähen

GEMÜSEGARTEN

- Aussaat ins Freie: Feldsalat, Spinat
- spät angebaute Gemüse mit Folie abdecken (verkürzte Reifezeit)
- Gemüselager kontrollieren

OBSTGARTEN

- Auslichtungs- und Pflegeschnitt bei Kernobst
- Leimringe anbringen
- Obstlager kontrollieren

IM ZIERGARTEN

PFLANZE DES MONATS

Herbstastern *(Aster)* bringen zu einer Jahreszeit Farbe in den Garten, in der die meisten anderen Pflanzen bereits verblüht sind. Es gibt eine Vielzahl von Sorten in den unterschiedlichsten Farben. Zu den Herbstastern zählt man die mit 20–50 cm eher niedrigen Kissen-Astern *(Aster dumosus)*, die bis zu 150 cm hohen Glattblatt-Astern *(Aster novi-belgii)* sowie die 80–120 cm hohen Rauhblatt-Astern *(Aster novae-angliae)*. Damit die Stauden so spät im Jahr ihr volles Blütenpotenzial entfalten können, kommt es auf einen sonnigen und warmen Standort an. Mit ihrer späten Blütezeit von August bis Oktober bieten sie Schmetterlingen und Insekten eine wertvolle Nahrungsquelle.

Kissen-Aster

HERBSTPUTZ IM BLUMENBEET

Jetzt werden Rittersporn, Sonnenauge, Flammenblume und Schafgarbe bis kurz über dem Boden zurückgeschnitten, das fördert den Neuaustrieb im Frühjahr. Die zerkleinerten Stängel kann man an Ort und Stelle als Mulch streuen. Pflanzen mit dekorativen Fruchtständen schneidet man jetzt noch nicht zurück, ihren Schmuck kann man bis zum Frühling genießen. Viele Samen bilden im Winter eine wertvolle Nahrungsquelle für Vögel. Die abgestorbenen Triebe schützen die Wurzeln der Stauden vor Frost.

NEUE ROSENSAISON VORBEREITEN

Von Mitte Oktober bis zum ersten Frost ist der optimale Zeitraum, ballenlose (wurzelnackte) Rosen zu setzen. Vor dem Pflanzen die Rosen etwa 4–5 Stunden in einen Eimer mit Wasser stellen und danach die Wurzeln um etwa ein Drittel einkürzen. Am geeigneten Standort ein ausreichend großes Pflanzloch ausheben. Die Veredelungsstelle sollte 5 cm unter der Erdoberfläche liegen. Beim Auffüllen mit Erde die Wurzeln nicht knicken. Die Erde vorsichtig festtreten und um die Pflanze einen Gießrand ziehen. Danach kräftig wässern. Als Frostschutz etwa 20 cm Erde anhäufeln und die Triebe sorgfältig mit Reisig abdecken.

IM GEMÜSEGARTEN

RÜBEN IM GARTEN EINMIETEN

Wurzelgemüse wie Sellerie, Möhren, Kohlrüben und Pastinaken legen trotz erster Nachtfröste im Oktober nochmals an Wachstum zu und verbessern ihren Geschmack. Deshalb sollte man sie möglichst erst Ende Oktober aus dem Boden nehmen und im Garten einmieten. Für Kohlrüben und Rote Bete zum Beispiel wird eine 10–15 cm tiefe Mulde ausgehoben und mit Stroh und Hasendraht ausgelegt. Dann gräbt man die Rüben aus, entfernt die Blätter und schichtet sie in der Mulde zeltförmig auf. Mit Stroh und der ausgehobenen Erde bedecken und Hasendraht darüber legen.

Erdmiete bei Möhren

KÜRBIS REIF FÜR DIE ERNTE

Die Kürbisse im Garten werden größer und größer, aber wann ist eigentlich der optimale Erntezeitpunkt erreicht? Das lässt sich mit den folgenden Reifetests leicht feststellen: Man klopft mit dem Fingergelenk gegen die Schale. Ertönt ein dumpfer, hohler Klang, sind die Früchte reif. Ein weiteres Kennzeichen sind feine Risse, die sich rund um den Stängelansatz in der Schale bilden. Aber Vorsicht: Den Stängel nicht einfach abreißen oder abbrechen. Man trennt die Frucht mit einem scharfen Messer so von der Ranke, dass ein kleiner Stiel bleibt. So hält sich der Kürbis länger.

Hokkaido- und Zierkürbisse

GEMÜSE EINLAGERN

Lagergemüse sollte gut von anhaftender Erde befreit, trocken und unbeschädigt sein. Vor dem Einlagern nicht waschen! Möhren, Sellerie und Rote Bete halten sich, lagenweise in Sand eingeschlagen, viele Wochen knackfrisch. Vor dem Einlegen wird das überflüssige Kraut entfernt, ohne dabei die Wurzel zu beschädigen. Lauchstangen kann man zu ⅔ in einen Eimer mit Sand stellen. Darauf achten, dass die Lauchstangen trocken sind. An Kohlköpfen lässt man noch einen kleinen Teil des Wurzelstrunks stehen, entfernt alle nicht dicht anliegenden Blätter und legt die Köpfe mit dem Strunk nach unten ins Regal.

Gemüse- und Obstlager

IM OBSTGARTEN

ERNTE UND HERBSTGENUSS

Die sanften Strahlen der Herbstsonne verleihen auch den späten Früchten noch ein süßes Aroma. Da die Arbeit im Garten nachlässt, kann man sich jetzt genüsslich der Ernte widmen. Die aromatischen Monats-Erdbeeren fruchten unermüdlich von Juni bis in den späten Herbst. Pflaumen- und Zwetschen-Sorten, die erst im Herbst reifen, haben ein sehr festes Fruchtfleisch und schmecken besonders süß. Blaue Weintrauben lagern während der Reifezeit den rot-violetten Farbstoff Anthocyan ein. Herbsthimbeeren können noch bis zum ersten Frost ausreifen.

PFLANZSCHNITT BEI OBSTBÄUMEN

Frisch gekaufte Obstbäumchen sollten - auch wenn es schwerfällt - gleich beim Pflanzen kräftig zurückgeschnitten werden, um die Kronen zur besseren Verzweigung anzuregen. Der Haupttrieb wird oberhalb einer Knospe eingekürzt, die zur Kronenmitte hin gerichtet ist. Die Seitentriebe schneidet man etwa um die Hälfte zurück und wählt dabei Knospen aus, die zum Kronenäußeren zeigen. Äste, die den optimalen Kronenaufbau von 4-5 Ästen stören, werden komplett entfernt. Auch die Wurzeln sollten gleich beim Pflanzen leicht eingekürzt werden.

Pflanzschnitt: 3-4 Leitäste stehen lassen, Konkurrenztriebe entfernen, Mitteltrieb und Leittrieb einkürzen

OBSTBÄUME IM HERBST PFLANZEN

Die beste Zeit, Obstbäume zu pflanzen ist, wenn sie ihr Laub verloren haben. Da die Wurzeln im September und Oktober am stärksten wachsen, fassen sie besser Fuß als bei der klassischen Novemberpflanzung. Mit dem Spaten werden Pflanzlöcher gegraben, in denen die Wurzeln gut Platz haben. Man setzt den Baum so tief ein, dass der Stammansatz mit der Bodenoberfläche abschließt. Die Veredelungsstelle (erkennbar an einer leichten Verdickung) darf nicht mit Erde bedeckt sein. Ein Stützpfahl wird gleich mit eingesetzt und das Stämmchen daran befestigt.

NOVEMBER

Draußen wird es zunehmend grau, trüb und nebelig, das Gartenjahr neigt sich dem Ende zu und man denkt wehmütig an die leuchtenden Farben des Sommers. Der Garten wird aufgeräumt und „winterfest" gemacht. Wenn es draußen kaum noch etwas zu tun gibt, ist die Zeit gekommen, die vergangene Gartensaison Revue passieren zu lassen und vielleicht schon ein paar Ideen für das nächste Gartenjahr zu sammeln.

Im November neigt sich das Gartenjahr dem Ende entgegen.

AUF EINEN BLICK

ALLGEMEINE GARTENARBEITEN

- Wasser abstellen, Leitungen und Schläuche entleeren
- bei einsetzendem Frost Winterschutz auflegen
- Laub rechen, kompostieren oder zum Mulchen verwenden

ZIERGARTEN

- Gehölze und Rosen pflanzen, mit Winterschutz versorgen
- Staudenbeete und Rabatten mit einer 1-2 cm dicken Schicht Komposterde, Rindenmulch oder Laubstreu überziehen
- überwinternde Blumenzwiebeln und -knollen regelmäßig auf faule Exemplare kontrollieren und diese aussortieren

GEMÜSEGARTEN

- Frühbeet mit Noppenfolie oder Brettern vor starkem Frost schützen
- Beete mit Sauzahn tief lockern und Erde anschließend mit einer dicken Mulchschicht aus Laub überziehen
- Gemüselager kontrollieren

OBSTGARTEN

- Steckhölzer von Beerenobst schneiden (erst nach vollständigem Laubfall)
- Kernobst zurückschneiden, wenn starker Austrieb gewünscht ist
- Baumscheiben mulchen
- Obstlager kontrollieren
- Verjüngungsschnitt bei Obstbäumen

Herbstbeet mit Chrysanthemen, Berberitze und Wolfsmilch

IM ZIERGARTEN

PFLANZE DES MONATS

Mehrjährigen Garten-Chrysanthemen (*Chrysanthemum x grandiflorum*-Hybriden) beginnen Ende Oktober mit der Blüte und bringen zum Saisonende noch einmal Farbe in den herbstlichen Garten. Sie bilden dichte Horste und werden je nach Sorte 50–120 cm hoch. Die lange Blütezeit über mehrere Wochen, vor allem die der gefüllten Formen, reicht bis zum Frost. Die Farbpalette umfasst alle satten Herbstfarben von Weiß über Gelb, Orange, Rosa und Pink bis hin zu einem tiefen Rot. Dazwischen findet man alle erdenklichen Pastell-Abstufungen. Der ideale Standort für Herbst Chrysanthemen ist sonnig bis halbschattig.

HERBSTPUTZ IM GARTEN

Sobald das Laub der Bäume die Beete und den Rasen bedeckt, ist es Zeit für den „Hausputz" im Garten. Wo Bäume und Sträucher stehen, fallen große Mengen Laub an, deren Beseitigung oft Probleme bereitet. Vor allem vom Rasen muss das Laub entfernt werden, da es ansonsten Kahlstellen gibt. Auf den Beeten kann man das Laub ruhig liegen lassen, die Pflanzen erhalten so einen natürlichen Winterschutz. Außerdem bietet die Laubschicht vielen Tieren ein Winterquartier. Grundsätzlich lässt sich Herbstlaub kompostieren. Die Blätter von Eiche und Walnuss enthalten zersetzungshemmende Stoffe und verrotten daher nur langsam. Ein Rasenmäher mit Fangkorb eignet sich ebenfalls zur Laubentfernung. Er zerkleinert das Material und reichert es mit stickstoffhaltigem Grasschnitt an.

IMMERGRÜNE IM WINTER GIESSEN

Immergrüne Pflanzen verdunsten auch im Winter Wasser. Deshalb müssen Rhododendren und Koniferen in trockenen, frostfreien Perioden ausgiebig gegossen werden. Einen bestehenden Wassermangel zeigt zum Beispiel Rhododendron durch eingerollte und herabhängende Blätter an. Häufig wird hier fälschlich ein Frostschaden vermutet.

IM GEMÜSEGARTEN

LEERE FRÜHBEETE ALS GEMÜSELAGER

Kühle Keller als Gemüselager sind heute eher selten. Ausweichen kann man auf Frühbeete im Garten. Hier bleibt das Gemüse den ganzen Winter frisch. Der Boden wird eingeebnet, ein Drahtgitter schützt vor Wühlmäusen. Man legt das Gemüse locker nebeneinander auf eine zusätzliche Sandschicht. Schweres Gemüse wie Kohl kommt nach unten, leichtes zuoberst. Dazwischen dient Sand oder Stroh als Trennschicht. Der Deckel des Frühbeets wird mit einer Strohmatte abgedunkelt und isoliert. In rauen Lagen kann man als zusätzlichen Frostschutz die Wände mit Styropor auskleiden. Brokkoli, Sellerie, Kohlrabi, Rettich und Rote Bete halten ohne Probleme Temperaturen bis -5° Grad aus. Wird es kälter, müssen sie mit einem Vlies oder einem Folientunnel abgedeckt werden. Nicht versäumen, an frostfreien Tagen und Nächten zu lüften, ohne die Abdeckung abzunehmen.

ROTKOHL ERNTEN

Robuste Rotkohlsorten für die Ernte erkennt man an den dunkelvioletten, von einer dünnen Wachsschicht überzogenen Blättern. Neben der klassischen Zubereitung schmecken sie auch gut als fein geraspelte Rohkost. Zieht man die Pflanzen vor den ersten strengen Frösten samt Strunk aus der Erde, lassen sie sich lange lagern. Schneidet man jedoch den Rotkohl am Stiel ab und lagert ihn ohne Wurzeln ein, sollte man ihn innerhalb von 3 Wochen verbrauchen.

SAISONBEGINN FÜR CHICORÉE

Die Sprosse aus der Zichorienwurzel zählt zu den feinsten Wintergemüsen. Im Spätherbst nimmt man die Wurzelrüben aus dem Beet und lässt sie samt Laub an einer geschützten Stelle abtrocknen. Dann trennt man das Laub 4 cm über dem Rübenkopf ab und steckt die Wurzeln zum Treiben bei 3 °C in feuchte Erde. Es sollte nie mehr getrieben werden, als man innerhalb von zwei Tagen verbrauchen kann. Die Treibsprossen werden von den Wurzeln gebrochen, wenn sie etwa 15 cm lang und noch fest verschlossen sind.

Chicorée-Treibsprossen

IM OBSTGARTEN

ZIERQUITTEN ERNTEN

Die Japanische Zierquitte *(Chaenomeles japonica)* ist wegen ihrer scharlachroten oder rosa Blüten als Frühlingsstrauch beliebt. Aus ihnen entwickeln sich im Herbst zitronengelbe, steinharte, sehr aromatische Früchte. Sie reifen bereits im Oktober und haften fest an den Zweigen. Je länger man die Ernte hinauszögert, desto intensiver werden Duft und Geschmack. Fallen die ersten Früchte vom Zweig oder ist Frost angesagt, hat das Warten ein Ende. Die Verwertung erfolgt wie bei echten Quitten.

Leimringe an Apfelbäumen

LEIMRINGE ANBRINGEN

Um zu verhindern, dass die flugunfähigen Weibchen des Frostspanners an den Obstbäumen hochklettern und ihre Eier ablegen, werden die Stämme mit Leimringen umwickelt. Das ist eine giftfreie Möglichkeit zur Schädlingsbekämpfung an Stammgewächsen. Der Leim wird direkt als Ring auf den Baumstamm aufgetragen oder als mit Leim beschichtetes Band um den Stamm gelegt. Diese bringt man etwa in einer Höhe von 45 cm an und lässt sie dort bis April. Für ältere Exemplare mit rauer Rinde oder Borke gibt es auch Leim zum Anstreichen. Die Frostspannerweibchen bleiben an dem Leim kleben und können keine Eier ablegen. Auf diese Weise werden Fraßschäden durch im Frühjahr ausschlüpfende Raupen verhindert.

OBST EINLAGERN

Nur unbeschädigtes, sauberes und trockenes Obst kann gelagert werden. Dazu eignen sich flache Holzkisten, in denen man die Früchte in einer Lage nebeneinander auslegt, sodass sie sich nicht berühren. Äpfel müssen getrennt von anderem Obst und von Gemüse aufbewahrt werden, denn sie scheiden ein Gas (Ethylen) aus, das als Pflanzenhormon wirkt und andere Früchte schneller reifen lässt. Bei Äpfeln unterscheidet man zwischen Herbstsorten, die etwa bis Dezember lagerfähig sind, und Wintersorten, die bis ins Frühjahr haltbar bleiben. Die Früchte sollten regelmäßig kontrolliert werden.

DEZEMBER

Wenn im Spätherbst die letzten Farben des Sommers verblassen, verändert sich über Nacht die Welt. Im Zauber eines frostigen Morgens erstrahlt im Raureif die Natur in frischem Glanz und es liegt ein erster Hauch von Winter in der Luft. Die Bäume haben ihr Laub abgeworfen, Grau und Braun sind nun die bestimmenden Farben im Garten. Das Gartenjahr ist zu Ende, ab und zu sollte man den Winterschutz an empfindlichen Pflanzen kontrollieren und eventuell erneuern.

Raureif zeigt die ersten Fröste an.

AUF EINEN BLICK

ALLGEMEINE GARTENARBEITEN

- Gartengeräte reinigen, einfetten und einräumen
- Gartentagebuch auswerten
- Ideen für neue Gartenplanungen sammeln
- Vogelfutterstellen einrichten

ZIERGARTEN

- alle Pflanzen zusammenbinden, die unter der Last schwerer Schneedecken nachgeben, auseinander gedrückt werden oder brechen
- Stämme von Rosenbäumchen nieder binden und mit Erde abdecken
- Gemüsegarten
- an frostfreien Tagen Feldsalat, Spinat und Winterportulak schneiden, Schwarzwurzeln und Meerrettich ausgraben
- Wintergemüse im Frühbeet und Folientunnel an milden Tagen lüften
- Gemüselager kontrollieren und lüften

OBSTGARTEN

- Baumrinden kalken, um Frostrisse zu vermeiden
- Winterschnitt bei Sauerkirsche, Johannisbeeren und Stachelbeeren
- Leimringe kontrollieren
- Baumscheren gründlich reinigen und desinfizieren
- Obstlager kontrollieren und lüften

IM ZIERGARTEN

DIE PFLANZE DES MONATS

Leuchtende Blüten mitten im Winter: Christrosen *(Helleborus niger)* benötigen wenig Pflege und sind winterhart. Die meisten von ihnen gedeihen gut im Halbschatten unter Büschen und Bäumen, am besten ist ein Standort unter laubabwerfenden Gehölzen. Sie spenden im Sommer Schatten und lassen in den Wintermonaten ausreichend Licht zu. Christrosen werden etwa 10–30 cm hoch, in der Regel sind die Blüten weiß, doch durch moderne Züchtung gibt es die Pflanzen inzwischen auch in anderen Farben. Wer verschiedene Sorten geschickt kombiniert, kann sich von November bis März an blühenden Christrosen im Garten erfreuen.

Christrosen im Schnee

EIN GARTEN NACH WUNSCH

Wer noch von seinem Wunschgarten träumt, der hat jetzt im Winter Zeit und Muße, sich damit zu befassen. Der erfolgreichen Gartengestaltung geht immer eine gute Planung voraus. Zunächst erfolgt eine Bestandsaufnahme, welche Fläche innerhalb für den Kleingarten zur Verfügung steht, welche Bepflanzung evtl. bereits vorhanden ist und welcher Bereich am längsten von der Sonne verwöhnt wird. Dann erst kann man seine persönliche Wunschliste erstellen und die Einteilung und Gestaltung der Gartenräume detaillierter planen. Als letzter Schritt erfolgt die Wahl der Zier- und Nutzpflanzen, deren Standortansprüche mit den Gegebenheiten des Gartens verglichen werden müssen.

WINTERFÜTTERUNG FÜR VÖGEL

Unsere gefiederten Freunde lassen sich kaum besser beobachten als am winterlichen Futterplatz. Da Vögel sich schnell an bestimmte Futterplätze gewöhnen, kann man Vogelhäuschen nahezu überall im Garten einrichten. Der Futterplatz muss windgeschützt sowie für Katzen und Greifvögel unerreichbar sein. Der Speisezettel für Wintervögel setzt sich aus Samenmischungen, Sonnenblumenkernen, Fettfuttergemischen (Meisenringe, Meisenknödel) zusammen.

Winterlicher Vogel-Futterplatz

IM GEMÜSEGARTEN

KOHL ERNTEN

Wirsing und Grünkohl können noch lange auf dem Beet bleiben und nach Bedarf geerntet werden. Bei strengem Frost schichtet man rund um die Basis der Wirsingköpfe Erde auf und bedeckt die Pflanzen mit Vlies. Grünkohl wächst an milden Tagen weiter, deshalb erntet man jetzt nur von unten beginnend die äußeren Blätter. Nach dem ersten Frost schmeckt Kohl viel milder. Rotkohl ist nicht sehr winterhart, also rasch verwerten oder einlagern. Weißkohl ist winterhart, muss also nicht vor dem Wintereinbruch geerntet werden.

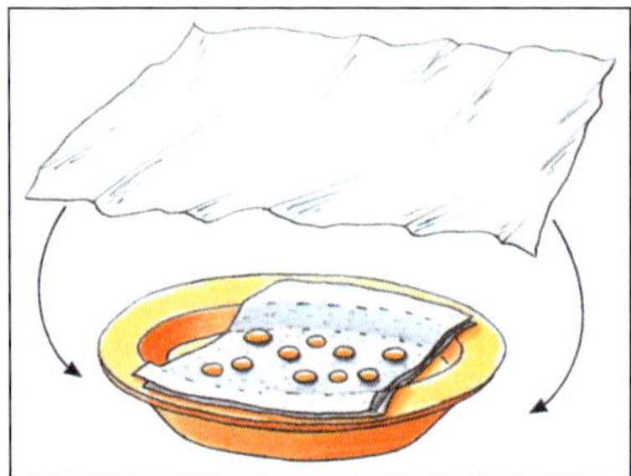

Die Samen werden auf ein feuchtes Vlies gelegt und mit Folie abgedeckt.

ALTES SAATGUT AUF FRISCHE ÜBERPRÜFEN

Selbst wenn man sie sorgfältig, kühl und trocken lagert, so sind Gemüsesämereien nur eine begrenzte Zeit keimfähig. Ehe man jedoch frisches Saatgut kauft, sollte man die Keimfähigkeit der alten Samenvorräte testen. Sie werden dazu in einfache Saatschalen gesät oder auf feuchtes Küchenkrepp-Papier gelegt und mit Folie abgedeckt. Da die Keimlinge nicht zu nutzbaren Pflanzen ausreifen sollen, reichen für die Keimprobe die derzeitigen Licht- und Temperaturverhältnisse aus. Keinen deutlich weniger als 50 Prozent, sollte neues Saatgut besorgt werden. 75 Prozent sind dagegen eine gute Keimrate.

FRÜH SÄEN – FRÜHER ERNTEN

Schwere, lehmige Böden können erst spät im Frühjahr bearbeitet und eingesät werden. Ist das Wetter im Dezember noch günstig, kann man den Aussaattermin vorverlegen (Frostsaat). Die Beetvorbereitung (lockern und glattziehen) sollte etwa 14 Tage vor der Saat erfolgen. Bis zur Aussaat wird das Beet mit Vlies abgedeckt, so bleibt der Boden warm und glatt. An einem sonnigen, trockenen Tag sät man dann wie gewohnt und deckt die Saatrillen mit einer 4 cm dicken Schicht Komposterde ab. Eine zusätzliche Vliesabdeckung bietet Frostschutz und ermöglicht eine bis zu 3 Wochen frühere Ernte.

IM OBSTGARTEN

KRONEN AUSLICHTEN

Obstbäume, die einige Jahre nicht mehr geschnitten wurden, benötigen einen Verjüngungsschnitt. Er wird während der Saftruhe von Dezember bis Februar vorgenommen. Tragen die Bäume kein Laub, dann sind das Astwerk und störend, nach innen wachsende Zweige gut zu sehen. Wenn nötig, werden auch dickere Äste herausgenommen. Größere Wunden muss man anschließend mit einem Wundverschlussmittel behandeln. Auf einen kräftigen Rückschnitt im Winter erfolgt in der Regel im Frühjahr ein starker Neuaustrieb der Kronen.

FALLOBST AUFSAMMELN

Wühlmäuse, höchst ungeliebte Gäste, suchen den Garten bevorzugt auf, wenn noch Fallobst am Boden liegt. Deshalb sollte man jetzt alle nicht mehr verwertbaren Obstreste sorgfältig aufsammeln und im Kompost entsorgen. In den Baumkronen können noch übrig gebliebene Früchte ruhig so lange hängen bleiben, wie sie fest sind. Sie dienen Vögeln und kletternden Nagern als Winternahrung. Beginnen die Früchte zu schrumpeln, sammelt man sie ab.

Fallobst sollte möglichst rasch aufgesammelt werden.

FROSTSCHUTZ FÜR OBSTBÄUME

Im Winter kann Frost den Obstbäumen Schaden zufügen. In den Mittagsstunden erwärmt sich die dunkle Rinde unter der Sonneneinstrahlung rasch und die Zellen dehnen sich aus, weil sie sich mit Stoffwechselwasser beladen. Setzt dann nachts der Frost ein, ziehen sie sich wieder zusammen. Läuft dieser Temperaturwechsel zu krass ab, sprengt er die Rinde und Frostrisse sind die Folge. Als Schutz vor diesen Verletzungen empfiehlt es sich, die Obstbaumstämme mit einem hellen Kalkanstrich zu versehen. Er reflektiert die Sonnenstrahlung und mindert somit die entstehende Wärme.

Kalkanstrich am Birnbaum

PFLANZEN FÜR DEN KLEINGARTEN IM PORTRÄT

Auf den folgenden Seiten wird eine Auswahl an für den Kleingarten (Ziergarten, Gemüsegarten, Obstgarten) geeigneten Pflanzen vorgestellt.

ANEMONE

Anemone coronaria

Im Handel sind zahlreiche Zuchtformen: einfache, halb gefüllte und gefüllte Sorten in vielen Farben mit einer durchschnittlichen Wuchshöhe von 25 cm. Die Anemone braucht einen halbschattigen Standort mit lockerem, humusreichem Boden. In größeren Gruppen setzen, Pflanzabstand 10–15 cm, Pflanztiefe 6 cm.

SCHMETTERLINGSSTRAUCH

Buddleja davidii

Aufrecht wachsender, bis 3 m hoher Strauch mit ausladender Krone, leicht überhängenden Seitentrieben und dunkelgrünen, unterseits graufilzigen Blättern. Die weißen, hell- und dunkelvioletten Blütenrispen bilden sich ab Juli. Der Strauch braucht einen sonnigen Platz und benötigt weder regelmäßige Wassergaben noch Dünger.

KORNBLUME

Centaurea cyanus

Die locker verzweigte Pflanze wächst 50–90 cm hoch. Es gibt gefüllte Sorten in blauen, weißen und rosa Farbtönen. Die angebotenen Samen sind meist Sortenmischungen. Die Kornblume braucht einen sonnigen Standort mit lehmigem Boden, verträgt aber auch durch Regen verschlämmte Böden; Pflanzabstand 15 cm.

MARGERITE

Chrysanthemum-maximum-Hybriden

Staude mit weißen Randblüten und gelber Mitte; Wuchshöhe bis zu 1 m; nicht sehr standfest, freistehende Exemplare müssen mit Staudenhaltern gestützt werden. Die Margerite braucht einen sonnigen Standort mit lockerem, humusreichem und kalkhaltigem Boden. Bei zu dichter Pflanzung kümmern die Einzelblüten.

BESENGINSTER

Cytisus-scoparius-Hybriden

Sommergrüner, buschiger, 1–3 m hoher Strauch mit grünen, schwach geflügelten Ästen und kleinen, dunkelgrünen Blättchen. Zahlreiche große, goldgelbe, rote, braunrote, rosa Schmetterlingsblüten mit unangenehmem Geruch. Nicht winterhart. Sonniger Standort mit kalkfreiem Boden, einzeln und geschützt pflanzen.

DAHLIE

Dahlia-Hybriden

Die buschigen Pflanzen erreichen eine Wuchshöhe von bis zu 100 cm. Wegen ihrer großen und schweren Blütenköpfe sind sie meist nicht standfest und müssen deshalb angebunden werden. Dahlien brauchen einen sonnigen Standort mit lockerem Boden. Pflanzabstand je nach Sorte 60–100 cm, Pflanztiefe 5–10 cm.

BARTNELKE

Dianthus barbatus

Die zweijährige stark duftende Pflanze wächst bis 50 cm hoch und hat einen 10 cm breiten, doldenförmigen Blütenstand. Es gibt einfach und gefüllt blühende Sorten. Die Bartnelke braucht einen sonnigen Standort mit nährstoffreichem, lockerem Boden. Vorkultivierte Pflanzen im Abstand von 20 cm auspflanzen.

KUGELDISTEL

Echinops ritro

Die distelartige Pflanze hat stachelige Blätter, ist jedoch keine echte Distelart. Sie wächst etwa 120 cm hoch und trägt charakteristische kugelförmige, intensiv metallisch blaue oder silberweiße Blütenköpfe. Die Kugeldistel braucht einen sonnigen Standort mit kargem Boden; samt sich aus; einzeln pflanzen.

FORSYTHIE

Forsythia x intermedia

Sommergrüner, buschig kompakter bis breit ausladender, 2–2,5 m hoher Strauch mit gelben, glockenförmigen Blüten in verschiedenen Sorten. Die Forsythie braucht einen sonnigen bis halbschattigen Standort mit sandig-lehmigem, durchlässigem Boden. Einzeln oder in frei wachsenden Blütenhecken pflanzen.

SCHWERTLILIE

Iris-barbata-Hybriden

Bei allen Sorten sind die inneren großen Blumenblätter nach außen geneigt und tragen auf der Oberseite eine Haarleiste, den Bart. Man nennt sie daher auch Bartiris oder Schwertlilie wegen der schwertförmigen Blätter. Schwertlilien brauchen einen sonnigen Standort mit humusreichem Boden. Pflanzabstand 40 cm.

EDELWICKE

Lathyrus odoratus

Die Pflanze trägt große, wohlriechende Schmetterlingsblüten, mehrere an einem blattachselständigen Stiel. Für die bis zu 2 m hohen Rankpflanzen ist ein Klettergerüst oder Gartenzaun erforderlich. Der Standort sollte sonnig sein mit einem nährstoffreichen, lockeren Boden. Pflanzabstand 30 cm, in Gruppen.

NARZISSE

Narcissus poeticus

Beispiel aus einer Pflanzengattung mit mehreren Arten und vielen Sorten. Weiße Blüte, gelbes Krönchen mit rotem Rand; einblütige Schäfte, lange schmale Blätter. Die Narzisse braucht einen sonnigen bis halbschattigen Standort mit nährstoffreichem, lockerem Boden. Pflanzabstand 15 cm, Pflanztiefe 15 cm.

ZIERKIRSCHE

Prunus serrulata

Baum von durchschnittlich 3 m Höhe in zahlreichen, auch höher wachsenden Sorten; reich blühend mit einfachen, meist aber gefüllten Blüten in weißen und rosa Farbtönen; auch als Japanische Blütenkirsche bekannt. Die Zierkirsche braucht einen sonnigen Standort mit normalem Gartenboden. Einzeln pflanzen.

RHODODENDRON

Rhododendron-Hybriden

Buschiger 1,5–3 m hoher, langsam wachsender Strauch. Der Rhododendron braucht einen halbschattigen bis schattigen Standort mit humusreichem, durchlässigem, kalkarmem Boden. Einzeln oder im Abstand von 1,5 m in Hecken pflanzen. Wintergrüne Sorten sind empfindlich gegen starken Frost, geschützt pflanzen.

HECKENROSE

Rosa rugosa

Sehr dichter, 2–3 m hoher Strauch in verschiedenen Sorten mit großen, manchmal auch gefüllten weißen, rosa, oder roten Blüten und großen, flachrunden Hagebutten. Die Heckenrose braucht einen sonnigen bis halbschattigen Standort mit normalem Gartenboden. Einzeln oder in Hecken im Abstand von 1–2 m pflanzen.

STEINBRECH

Saxifraga-arendsii-Hybriden

Beispiel für eine artenreiche Pflanzengattung mit Zuchtbastarden in verschiedenfarbigen Sorten. Die Blätter stehen in Rosetten, die Blütenstile werden bis zu 15 cm hoch. Der Steinbrech braucht einen halbschattigen Standort mit leichtem, durchlässigem Boden; Pflanzabstand 20 cm; mäßig feucht halten.

FLIEDER

Syringa-vulgaris-Hybriden

Sommergrüner 2–3 m hoher, baumartiger Strauch mit herzförmigen, frischgrünen Blättern und 10–20 cm dichten, langen Blütenrispen in (je nach Sorte) Weiß, Violett, Purpur oder Blau. Der Flieder braucht einen sonnigen bis halbschattigen Standort mit tiefgründigem, humusreichem und kalkhaltigem Boden.

TULPE

Tulipa-Hybriden

Zahlreiche Zuchtformen mit unterschiedlichen Blütezeiten. Aus jeder Zwiebel entwickelt sich ein 40–80 cm hoher Blütenstiel mit großen, breiten, bläulich bereiften Blättern. Tulpen brauchen einen sonnigen bis halbschattigen Standort mit humusreichem, lockerem Boden. Pflanzabstand 10–20 cm, Pflanztiefe 10 cm.

VEILCHEN

Viola odorata

Gartenpflanze mit unscheinbaren, aber stark duftenden Blüten. Neben der violett blühenden Ausgangsform gibt es großblumige und weiß blühende Sorten. Das Veilchen wird 5–10 cm hoch, die Blätter stehen in Rosetten. Es braucht einen halbschattigen Standort mit lehmigem, humusreichem Boden; Pflanzabstand 10 cm.

SCHNEEBALL

Viburnum opulus

Sommergrüner, aufrecht wachsender, vieltriebiger, bis 4 m hoher Strauch mit großen, weißen Blütenbällen, die kleine Beeren bilden. Der Schneeball braucht einen sonnigen bis schattigen Standort mit humusreichem, durchlässigem Boden. Einzeln, in Gruppen oder im Abstand von 1,5 m in lockeren Hecken pflanzen.

MANGOLD

Beta vulgaris

Gemüse in mehreren Sorten, als Spinat oder spargelartiges Blattstielgemüse verwendbar; Wuchshöhe der Blätter etwa 40 cm. Mangold braucht einen sonnigen Standort mit tiefgründigem, nährstoffreichem Boden. Reihenabstand 30 cm, Samenknäuel zu 4–5 Stück im Abstand von 20 cm legen, auf 20 cm vereinzeln.

ROTE BETE

Beta vulgaris var. vulgaris

Es gibt kugelrunde und längliche Sorten, manche schossen bei kühler Witterung. Die Rote Bete braucht einen sonnigen Standort mit mittelschwerem, humusreichem, nicht frisch gedüngtem Boden. Bei trockenem Standort wässern, um Holzigwerden zu vermeiden. Reihenabstand 25 cm, auf 15 cm Abstand vereinzeln.

ROSENKOHL

Brassica oleracea

In den Blattachseln der bis zu 1 m hohen Strünke der frostempfindlichen Pflanze entwickeln sich aus den Seitenknospen die zarten Röschen. Sie können bis in den Winter geerntet werden. Rosenkohl braucht einen sonnigen Standort mit nährstoffreichem, humosem, kalkreichem Boden; Pflanzabstand 50–60 cm.

GURKE

Cucumis sativus

Rankende Pflanze in vielen Sorten, als Freilandgurke oder Gewächshausgurke; männliche und weibliche Blüten verschieden. Kultur der Freilandgurken ist einfacher. Die Gurke braucht einen sonnigen, möglichst warmen Standort mit humus- und nährstoffreichem Boden. Reihenabstand 1 m, Pflanzabstand 25 cm.

KÜRBIS

Cucurbita maxima

Am Boden entlang rankende Pflanze mit großen Blättern. Aus den großen, gelben weiblichen Trichterblüten gehen nach der Bestäubung die Früchte hervor. Der Kürbis braucht einen sonnigen, warmen und geschützten Standort mit sehr nährstoffreichem, humosem Boden und wird gerne an oder auf dem Kompost gepflanzt.

ZUCCHINI

Cucurbita pepo var. giromontiina

Nichtrankende, buschige Pflanze mit großen, meist gelappten Blättern und länglichen Früchten; verschiedene Sorten. Verschiedengeschlechtliche Blüten, von denen nur die weiblichen (nach Bestäubung) Früchte bilden. Die Zucchini braucht einen sonnigen Standort mit nährstoffreichem Boden. Pflanzabstand 1 m.

MÖHRE, KAROTTE

Daucus carota ssp. sativus

Je nach Sorte sind Möhren gelb, orange bis hellrot und kegelförmig oder zylindrisch. Sie brauchen einen sonnigen Standort mit humosem, tiefgründigem, leichtem Boden, bei schweren Böden entwickeln sich unerwünschte Verzweigungen („Beinigkeit"). Reihenabstand 20 cm, vereinzelt im Abstand von 8 cm 2 cm tief säen.

KOPFSALAT

Lactuca sativa var. capitata

Beliebtes, leicht zu kultivierendes Blattgemüse mit vielen Sorten; teils auch sommerfest, ohne zu schießen. Der Kopfsalat braucht einen sonnigen und warmen Standort mit leichtem bis mittelschwerem, humusreichem Boden, der nicht zu stickstoffhaltig ist; bei Trockenheit wässern. Pflanzabstand 40 cm.

BOHNE

Phaseolus vulgaris

Zwei Varietäten: Stangenbohne (an Gerüsten mehrere Meter) und Buschbohne (30 cm). Aus weißen Schmetterlingsblüten entwickeln sich die zahlreichen Früchte. Die Bohne braucht einen sonnigen, windgeschützten Standort mit nährstoffreichem Boden. Pflanzabstand bei Buschbohnen 10 cm, bei Stangenbohnen 1 m.

ERBSE

Pisum sativum

Je nach Sorte bis 30–150 cm hohe Rankpflanze mit weißen oder violetten Blüten und grünlichen Fruchthülsen. Die Erbse braucht einen sonnigen, luftigen Standort mit trockenem, nährstoffreichem, durchlässigem Boden. Reihenabstand bei niedrigen Sorten 40 cm, bei höheren 60 cm; Pflanzabstand in der Reihe 2–3 m.

RADIESCHEN

Raphanus sativus

Durch neue Sorten auch Sommerkultur möglich; schnelle Keimung, kurze Vegetationszeit. Laufende Ernte durch Folgesaaten. Das Radieschen braucht einen sonnigen Standort mit lockerem, humosem Boden, zur Ausbildung ständig feucht halten. Reihenabstand 15 cm, im Abstand von 4 cm vereinzeln, Saattiefe 1 cm.

AUBERGINE

Solanum melongena

Frostempfindliches Fruchtgemüse, das sich zu ausladenden, bis zu 1 m hohen Pflanzen entwickeln kann. Im Handel sind viele in Form und Farbe variable Sorten, die häufigste davon ist lilafarben. Die Aubergine braucht einen sonnigen, geschützten Standort. Bei starkem Wuchs mit Rankhilfe aufbinden, regelmäßig gießen.

APRIKOSE

Prunus armeniaca

Obstgehölz in Busch- oder Halbstammform; Sortenvermehrung durch Veredelung; reich tragend bei günstigen Kulturbedingungen; Anbau nur in wärmeren Regionen; nicht schneiden, nur auslichten. Die Aprikose braucht einen sonnigen, geschützten Standort mit humusreichem, lockerem Boden. Pflanzabstand 5–6 m.

SAUERKIRSCHE

Prunus cerasus

Baum mit 6–10 m Wuchshöhe, heute meist niedrigere Sorte kultiviert, bekannteste Sorte ‚Schattenmorelle'; Sorten meist selbstfruchtbar; weiße Blüten, rote oder gelbrote Steinfrüchte. Die Sauerkirsche braucht einen sonnigen bis halbschattigen Standort mit humosem, tiefgründigem Boden. Pflanzabstand 4 m.

PFLAUME, ZWETSCHE

Prunus domestica

Steinobst mit größeren, eiförmigen (Pflaumen) oder kleineren, länglichen Früchten (Zwetschen). Viele Sorten, manche sind selbstfruchtbar; bei der Sortenauswahl darauf achten, evtl. mehrere Exemplare zusammenpflanzen. Die Pflaume braucht einen warmen, windgeschützten Platz mit durchlässigem Boden.

PFIRSICH

Prunus persica

Als Baum, Busch, Halbstamm oder Spalierobst an der Hauswand gepflanzt; neue Sorten nur noch 80–120 cm hoch; rosa Blüten und samtig behaarte oder glattschalige Steinfrüchte. Der Pfirsich braucht einen sonnigen und warmen Standort mit humosem, nährstoffreichem, tiefgründigem Boden. Pflanzabstand 4 m.

BIRNE

Pyrus communis

Kann bis 20 m hoch werden, wird jedoch bevorzugt als Busch, Spindelbusch oder Fächerspalier an der warmen Hauswand gepflanzt; nur wenige Sorten; Veredelung auf Sämlingen oder Quittenunterlage. Die Birne braucht einen warmen, geschützten Standort mit tiefgründigem, lockerem Boden. Pflanzabstand 3–4 m.

ROTE JOHANNISBEERE

Ribes rubrum

Reich verzweigter, 1–2 m hoher Strauch, auch Hochstämmchen mit gelappten Blättern und in Trauben hängenden roten (weißen oder gelblichen) Beeren; mehrere Sorten. Die Rote Johannisbeere braucht einen sonnigen bis halbschattigen Standort mit normalem, leicht saurem Boden; Pflanzabstand 1,5 m.

BROMBEERE

Rubus fruticosus

Bis 2 m hoher Halbstrauch, bestachelt oder unbestachelt, mit gefiederten Blättern und weißen Blüten; glänzend schwarze Früchte, die nur ausgereift geerntet werden sollen. Die Brombeere braucht einen sonnigen Standort, der Boden kann nährstoffarm und steinig sein; am Gerüst oder Zaun ziehen; Reihenabstand 2 m.

HIMBEERE

Rubus idaeus

Ausläufer treibender, bis 2 m hoher Beerenstrauch mit zahlreichen feinen Dornen an den Ästen (Ruten); rote, rosa oder gelbe Früchte; wuchernde Pflanzen durch Anbinden und Schnitt in Form halten. Die Himbeere braucht einen sonnigen, windgeschützten Standort mit humusreichem Boden. Pflanzabstand 50 cm.

REGISTER

Auf die richtige Pflanzenwahl kommt es an

112 Seiten
durchgehend farbig bebildert
ISBN 978-3-8094-4503-6

112 Seiten
durchgehend farbig bebildert
ISBN 978-3-8094-4092-5

Ein Garten für Tiere

96 Seiten
durchgehend farbig bebildert
ISBN 978-3-8094-4202-8

96 Seiten
durchgehend farbig bebildert
ISBN 978-3-8094-3837-3

IMPRESSUM

ISBN 978-3-8094-4630-9

1. Auflage
2023 by Bassermann Verlag, einem Unternehmen der Penguin Random House Verlagsgruppe GmbH, Neumarkter Straße 28, 81673 München

Projektleitung: Dr. Iris Hahner
Satz: Kreativsatz Nadine Thiel, Baldham
Redaktion und Bildredaktion: Verlagsbüro Kopp, München
Layout: Claudia Scheike, Nadine Thiel
Umschlaggestaltung: Atelier Versen, Bad Aibling
Herstellung: Franziska Polenz

Bildnachweis:
Steinberger: 8, 11, 12, 18, 20, 24, 25, 25, 28, 30, 37, 38 (2), 39 (2), 40, 42, 43, 44, 45, 47(2), 48, 49, 50, 52, 55, 57, 58, 59 (2), 60, 62, 63, 64 (2), 65, 67, (3), 70, 77 (2), 82 (4), 83 (4), 84 (4), 85 (4), 86 (4), 87 (4), 88 (4), 89 (4), 90 (4), 91 (4); Strauß: 4, 5, 13, 18, 22, 28, 29, 35, 44, 49, 58, 68, 72, 73, 74, 75, 79, 80
Illustrationen: Verlagsbüro Kopp
Piktogramme: iStockphoto/da-vooda, justinroque, Nadiinko

Penguin Random House Verlagsgruppe FSC® N001967

Druck und Bindung: Alföldi Nyomda Zrt., Debrecen

Printed in Hungary